MATRIZES IMPRESSAS DO ORAL

Jerusa Pires Ferreira

MATRIZES IMPRESSAS DO ORAL

conto russo no sertão

ILUSTRAÇÕES
Tainá Nunes Costa

Ateliê Editorial

Copyright © 2014 by Jerusa Pires Ferreira

Direitos reservados e protegidos pela Lei 9.610 de 19.02.1998.
É proibida a reprodução total ou parcial sem autorização, por escrito, da editora.

Dados Internacionais de Catalogação na Publicação (CIP)
(Câmara Brasileira do Livro, SP, Brasil)

Ferreira, Jerusa Pires
    Matrizes Impressas do Oral: Conto Russo no Sertão. – Cotia, SP: Ateliê
Editorial, 2014.

    ISBN 978-85-7480-676-1

    1. Arte popular 2. Literatura de cordel 3. Literatura oral 4. Literatura russa
– História e crítica 5. Teoria literária I. Título.

CDD-398.5

Índices para catálogo sistemático:
1. Folhetos: Poesia de cordel: Literatura popular   398.5

Direitos reservados à

ATELIÊ EDITORIAL
Estrada da Aldeia de Carapicuíba, 897
06709-300 – Granja Viana – Cotia – SP
Telefax: (11) 4612-9666
www.atelie.com.br
contato@atelie.com.br

Printed in Brazil 2014
Foi feito o depósito legal

Para Boris, em todo esse trajeto, aproximamos
O Pássaro de Fogo do cajueiro nordestino.

Em memória:
Para uma força do Sertão, meu pai.
Nas Poéticas do Mito, Eleazar Meletínski.

Elomar: grande malungo.
Bráulio do Nascimento, onipresente nas pesquisas.
Márcio Honório de Godoy, primeiro preparador desses textos.
Serguei Neklúdov, colega, mestre e editor em russo de algumas dessas páginas.
Plinio Martins Filho, meu editor, e seu grande envolvimento com o Livro.

su.má.rio

11 *Introdução: Meias Palavras*

19 1. Relatos e Imagens do Pássaro de Fogo no Sertão Brasileiro

33 Uma Poética do Icônico: Sentidos e Sistemas de Comunicação
47 Uma Noiva para o Czar
55 Recepções, Leituras

69 2. Púschkin no Sertão

95 O Czar Saltan – Tradução de Boris Schnaiderman
115 O Romance do Príncipe Guidon – Severino Milanês da Silva
153 Algumas Traduções e Adaptações

163 3. Riso e Interdição: A Princesa que Não Ria

165 A Força da Fábula e do Rito: Presença no Brasil
174 Os Contrassinais e a Caracterização do Herói

181 4. Notas Sobre *O Trovador Kerib*: O Filme de Paradjánov e as Afinidades Sertanejas

185 Um Conto no Cáucaso
186 A Versão de Lérmontov
187 Conto e Filme
197 Transposições do Conto ao Filme: As Grandes Metáforas
198 Notas de uma Experiência
201 Achik-Kerib (História Turca) de M. I. Lérmontov – Tradução de Boris Schnaiderman

213 *Conclusão: O Texto Universal*

INTRODUÇÃO: MEIAS PALAVRAS

esde que se começa a acompanhar o conto popular russo, difundido e recriado em muitos espaços e em nossa literatura popular em verso, conhecida como de cordel, oral/impressa e novamente em circulação, passamos a considerar um grande lastro de memória ancestral, que permite trânsitos e comparações.

Oralmente transmitida a arquimatriz, ou a "grande matriz oral", faculta afinidades e relaciona-se também a um conjunto de textos e imagens impressos trazidos, por algum motivo, ao encontro das preferências de repertório e situação. Elas constituem o suporte para a criação do folheto ou dos contos narrados. São contratextos que funcionam como matrizes impressas do oral, textos que diretamente conduzem sentidos e formulações básicas.

Há uma confirmada e estreita relação entre os livros, a edição popularizante e o mundo da tradição popular, em sua condição de oralidade e o imaginário em que se assentam e processam.

Transparecem a força e unidade de certa memória, mantida e conservada em longa duração, levando-se em conta o importante papel dos meios impressos e, mais ainda, de certos livros, de textos verbais e visuais que atingem os públicos populares, em suas mais variadas gradações, inclusive os considerados iletrados. Quando se apresentam para nossa observação algumas das referidas *matrizes da oralidade*, pode-se alcançar o modo de ser da recriação, o processo mais arraigado da própria criação, a força de sequências inteiras que migram de um texto a outro fazendo aportar elementos persistentes, nessa espécie de "grande texto" que é a série aberta, na qual se vão reunindo folhetos, gravuras, imagens, dicções.

Percebemos, no entanto, os limites relativos da série e um certo agrupamento temático constante, no conjunto dos nossos folhetos de cordel, diretamente ligados, por exemplo, às edições populares portuguesas e a outros textos orais da tradição.

A noção de "matriz", sempre considerada em termos relativos, tenta explicar o funcionamento oral/escrito/impresso/oral, deixando de lado a concepção de uma espécie de memória despótica, de uma originalidade da criação popular em si mesma, e que é até considerada espontânea por alguns pesquisadores do folclore.

Responsável pela preservação de certos temas e pelo modo de ser das linguagens que a recriam, abre-se a possibilidade contínua de criação de textos impressos que esta memória, longa e durável, traz ao estímulo de um imaginário presente. Assim compatibilizam-se, à sua medida, temas e formas. Por sua vez, a memória se organiza em certos eixos que apontam para muitos tipos e diferentes razões de preservação e transformação, garantindo critérios que se alternam como num jogo, envolvendo diversos tipos de códigos verbais, visuais, gestuais ou o entrosamento de todos eles.

Quando nos situamos diante do universo da poesia oral, seja mesmo a de folhetos (oralidade mista), concluímos que há sempre um vínculo estreito entre *dizer* e *ver*. Há, de fato, um direcionamento para a *figura*, no sentido da visão e ainda para o corpo metafórico da linguagem.

Considera-se que estes folhetos populares e suas extensões, ou textos de imagem a eles relacionados, se inserem tanto no alcance da longa memória, como vão inscrevendo, em seu bojo, fatos e circunstâncias da história presente, deixando-nos diante de razões poéticas, do vigor de um pensamento mitológico enraizado, e em permanente recriação.

Há um contínuo processo de relação com o que é trazido pelos meios mais próximos e compatíveis, como se sabe: o livro, o cinema, a televisão, a internet ou outros meios, pela força de suas materialidades, conquista sucessiva de novas linguagens.

Este universo em que se firma a literatura oral/impressa é construído numa esfera de aproximação dos sentidos, em várias formas de expressar: ver, ouvir, dizer, gesticular, da voz, dos gestos e da figura. O folheto, a xilogravura, o conto oral e outros "gêneros" situam-se nesta configuração profunda de um universo em que tudo se vai reunindo e completando, sem hiatos ou tréguas, e que não comporta as datações convencionais como princípio, pois remetem a um tempo que não nos permite acompanhar concretamente quando tudo começa.

Matrizes Impressas do Oral – Conto Russo no Sertão reúne a reflexão apresentada em várias comunicações, artigos e cursos onde são acompanhadas matrizes concretas, ou aquilo que atua sobre a poesia popular no sertão brasileiro, ou que parte deles para outros segmentos culturais, num caminho inverso. Procura entender o funcionamento de passagens do lembrar/esquecer, dizer/escrever, recriar/adaptar, seguindo a inserção numa perspectiva mais ampla ou específica, que nos permite estabelecer comparações. No caso presente, e num recorte, perspectivas que assegurem as aproximações da Rússia ao Sertão.

Destacam-se folhetos que se ligam à grande matriz ancestral do conto de encantamento, por um lado, e se apoiam diretamente em textos impressos, que por sua vez fornecem um direcionamento próximo ao texto oral.

É o caso de *A Princesa Maricruz e o Cavaleiro do Ar* de Severino Borges da Silva, que traz para o Sertão do Brasil uma das muitas lendas do Pássaro de Fogo, que circularam na Rússia.

O folheto se constrói a partir de um conto popular que um escritor russo tinha escutado na Sibéria, em sua infância. Trata-se de *O Cavalinho Corcunda*, uma história de encantamento escrita em verso por Ierchóv, escritor e poeta do século xix russo e que chegou até nós pelas coletâneas para crianças, provenientes de editoras como a Vecchi ou a Quaresma, em séries do tipo "Os Mais Belos Contos", adaptados em prosa.

Um outro caso é o *Romance do Príncipe Guidon e o Cisne Branco* de Severino Milanês da Silva, que começa por uma alusão a um ponto chave: "Num país da Rússia Branca / um dia pela manhã".

Conectando-se portanto ao conto popular e a um poema (*Skaska*) de Púschkin, o *Czar Saltan* veio parar no Brasil, adaptado em prosa, nas páginas das referidas coletâneas.

Ocorre que este folheto nordestino é criado, através da matriz definida que, aliás, iria gerar outros textos orais e escritos. Em *Contos Populares Russos*, Alfredo Appel[1] chama a atenção para o trânsito contínuo do conto no território da oralidade, e sua fusão com outros afins. A partir da indicação, e procurando situar algumas passagens do mesmo, encontramos vários embriões da história na tradição oral brasileira, mas que permitem uma relação difusa com uma parte do poema narrativo.

Enfim, pudemos verificar como se constrói o jogo entre o que se traz e o que se apreende, a busca de um entendimento do processo de "recriação" que nos faz avançar, não apenas para entender poéticas desses folhetos nordestinos e brasileiros, mas para perceber modos e razões da criação popular e mais, ligando o conhecimento do narrativo aos aspectos da apreensão concentrada de determinados universos da comunicação. Aliás, estão em causa fenômenos culturais e sua transmissão.

O mundo editorial atua e se alimenta da tradição, para alcançar públicos de leitores-ouvintes, em suas demandas mais arraigadas. Como nos lembra Zumthor, ao concluir o seu notável livro *A Letra e a Voz*: "Será preciso ver que os romances de Eugene Sue reutilizavam procedimentos dos cantores de gesta", e ainda mais,

---

1. *Contos Populares Russos*, Lisboa/Rio de Janeiro, Americana/Livraria Francisco Alves, s.d.

nos indica que é com a cultura de massas e não com uma "literatura" que se relaciona, num todo, a poesia medieval. Ao tratar das mediatizações possíveis, de matrizes em ação, no terreno da oralidade e da literatura popular tradicional, com apoio em materiais divulgados e popularizados, estamos diante daquilo que nos permite avançar conceitualmente, podendo ultrapassar dicotomias empedradas como a famosa popular *versus* erudito, passando a entender tudo isto como um processo contínuo de transmissão e de uma espécie de tradução cultural permanente.

E foi assim também que escolhemos o acompanhamento da história *A Princesa Que Não Ria*, objeto das pesquisas de Vladimir Propp, legado que nos conduz ao Oriente/Ocidente, tanto ao tempo histórico quanto às razões míticas, a geografias concretas ou visionárias, persistências que se recriam aqui e em outros territórios. Tratando de riso e interdição, de censura, poder, razões pessoais e culturas, mais uma vez se confrontam narrativas da Rússia e do mundo sertanejo. Comparecendo na Rússia através de versões muito antigas, contam com muita força os aspectos rituais que envolvem o riso, sua interdição ou emudecimento. Assim a permanência solar desta história narrada, em muitas latitudes, e na envolvência de toda uma tradição vivenciada.

Mas consideramos, ainda e como parte desse conjunto de aproximações, o ensaio sobre o *Trovador Kerib*, filme do cineasta georgiano Sergei Paradjánov e sua relação com sequências temáticas e poéticas de nossa poesia oral nordestina e a presença em autores brasileiros, que nos passam, em suas obras, esse corpo de tradições, a perder de vista, vindo a formar-se um tesouro apreciável e transformador.

I

RELATOS E IMAGENS DO PÁSSARO DE FOGO NO SERTÃO BRASILEIRO

Princesa Maricruz e o Cavaleiro do Ar[1] é um folheto com título e capa muito sugestivos. Ao ler-se, percebe-se que se trata de uma das muitas histórias que compõem o lendário do *Pássaro de Fogo*, como aquela que Igor Stravinski tornou famosa e presente no mundo inteiro ou a ampla recolha do conto popular russo, feita por Afanássiev[2]. Temos assim conhecimento de grande quantidade de variantes recolhidas e publicadas.

É provavelmente da década de 1960, o folheto brasileiro de autoria de Severino Borges da Silva, nascido em Pernambuco, criador de outras histórias de encantamento que atestam a força de um profundo saber narrativo e o perfeito desempenho deste tipo de mestria. Não se pode deixar de estranhar, e em perplexidade perguntar: Como terá vindo uma dessas estórias, apoiada num lendário consagrado, fixar-se no universo do sertão brasileiro? De que modo se teria dado esta viagem que nos parece extraordinária.

---

1. *A Princesa Maricruz e o Cavaleiro do Ar*. Autor: Severino Borges; editor João José da Silva, s.d., 16 p. O exemplar traz a assinatura de Cavalcanti Proença, tendo pertencido à sua coleção. Casa Ruy Barbosa, s.d., *A Princesa Maricruz...*, tem as mesmas características, parece posterior e traz na capa uma xilogravura de Dila; o texto é basicamente o mesmo da versão anterior. Col. IEB/USP; *A Princesa Maricruz...* traz na capa um desenho e a indicação do nome completo do autor: Severino Borges da Silva/ Col. Joseph Lutyten.
2. *Les Contes Populaires Russes*, Paris, Maisonneuve & Larose, 1990, vols. I, II.

Comparando o conto russo, em algumas de suas versões mais correntes, com o livrinho nordestino, ficou bem claro que as previsíveis aproximações comuns a um conjunto difuso não justificavam em si próprias uma relação mais direta.

Os relatos do *Pássaro de Fogo* se prestam tanto aos ouvidos como aos olhos. Há uma iconicidade permanente que se transmite enquanto memória, no que se refere ao esplendor da pena do pássaro ou dos pássaros de penas brilhantes, que cada um dos autores vai configurando e transmitindo, criando a figura através de ouvi-la, de lê-la ou contemplar as gravuras que a representam, mas ainda pela força de uma outra iconicidade que passa pela voz.

Muitos dos contos do *Pássaro de Fogo* foram publicados na Rússia, recebendo o apoio de gravuras populares, *Lubok*[3], nos livros desta espécie de literatura de cordel que se produziu em várias etapas da vida cultural do povo russo.

Vladimir Propp[4] nos abre uma pista valiosa ao dizer-nos que este conto, em suas versões, foi de fato muito difundido na Rússia, por via livresca, sendo muito popular no Oriente e na Europa Oriental. E nota que as variantes orais encontradas conservaram vestígios da elaboração literária e que ele chega a aparecer numa coletânea do século XVIII, tendendo para o "folclorístico", com argumento elaborado literariamente. Ele também nos observa que seu espírito chega a distanciar-se bastante do universo popular, enveredando por um outro tipo de racionalidade. Por sua vez, Vitor Jirmunski[5] acreditava que a proximidade das versões russas do *Pássaro de Fogo* não poderia ser explicada pelo que ele denomina autogeração de argumento, mas à origem oriental do enredo, acreditando que vias impressas o teriam ajudado a difundir-se.

---

3. Cf. *The Lubok 17th and 18th Century Russian Broadsides*, Moscou, S.K., 1968.
4. Cf. *Raízes Históricas do Conto Maravilhoso*, São Paulo, Martins Fontes, 1997; *Morfologia do Conto Maravilhoso*, Lisboa, Vega, 1983.
5. Um dos formalistas russos, criador do Opaiaz.

A. N. Afanássiev (1826-1871) era um historiador, estudioso da literatura e um dos iniciadores da escola mitológica russa, pesquisador e divulgador de folclore, cujos trabalhos são indispensáveis, e constituem ponto de partida para as mais diversas reflexões temáticas e estruturais sobre o conto popular.

Em 1859, publicou sua coletânea *Lendas Populares Russas*, proibidas pela censura até 1914. Em 1860 saiu anonimamente em Genebra uma de *Contos Secretos* que compreendiam estórias satíricas, dirigidas contra os proprietários rurais e o clero. Nas diversas antologias publicadas em várias línguas, temos acesso ao seu legado, à presença viva de um repertório de contos populares engastados na tradição eslava, remetendo a bases míticas imemoriais. Voltamos então a perguntar: como será que tudo isto se insere no sertão nordestino?

Compreendemos que seria preciso buscar os textos difundidos pelas editoras populares portuguesas e brasileiras, coletâneas destinadas ao público infantil, que circularam e continuam a circular em nosso país. Não foi difícil localizar aí uma adaptação em prosa, que vai coincidir com aquela que nos trouxe Afanássiev: *O Pássaro de Fogo e o Lobo Cinzento*. Este seria um primeiro passo, um achado importante para aproximar segmentos míticos em culturas distantes mas, como no caso das relações humanas, quando se busca o outro afim e compatível, não parecia ser este o encontro decisivo. Textos foram sendo encontrados e se relacionaram com a *Princesa Maricruz*, em contiguidade, mas era como se a decifração estivesse à espera do grande encontro. Foi preciso apontar aquele a ser considerado o "contratexto", a matriz, a partir da qual surgiria a nova criação, como num passe de mágica: numa comparação a duas vozes – conto russo no sertão – se fez, ponto a ponto, a identificação da *Princesa Maricruz* com o *Cavalinho Corcunda*, poema de Ierchóv, autor russo do século XIX. Conhecendo muito bem o texto sobre o qual já tinha até escrito, assim pudemos ler:

O autor mistura fatos lendários com homens e coisas da própria Rússia de seu tempo, envolvendo tudo num halo de fantasia que torna, entre outras coisas, possível ludibriar completamente a censura. Aparecem autoridades, policiais prepotentes, camponeses escorchados pelo fisco e um czar, cujo menor capricho era lei. Depois que Ivan passa a servir nas cavalariças do czar este lhe exige os feitos mais extraordinários que o rapaz consegue realizar, graças à ajuda do cavalinho. O czar morre e Ivan se casa com a princesa, sob os aplausos do povo que o reconhece como o novo soberano[6].

Uma vez apontada a indiscutível relação textual entre o poema russo de Ierchóv e o folheto de Severino Borges, seria preciso então procurar as possíveis adaptações portuguesas e brasileiras da história, intensificando as buscas em coleções de livros infantis, seleções habituais do tipo "Os Mais Belos Contos", as "Melhores Estórias", e daí por diante. Chegando cada vez mais perto, eis que em *Os Mais Belos Contos Russos* surge um dos textos em português, *O Cavalinho Corcunda*, que teve certamente grande circulação, em edições sucessivas. Foi este o suporte direto ou a matriz da criação popular que a ele chegou ou que dele partiu.

Sem dúvida, a nossa *Princesa Maricruz* (só não se sabe de onde viria este nome – despiste ou alusão que desconhecemos?) é a versão poética e popular da história russa de Ierchóv, e sendo isto verdade, não é tudo, mas o resultado de muitas passagens, num ir e vir permanente entre verso e prosa, letra e imagem, em múltiplas alusões e compatibilidades, as mais diretas. Foi através deste conto, em uma de suas muitas edições brasileiras, adaptações em prosa do poema de Ierchóv, que se deu a criação da estória pelo poeta popular brasileiro. É bem claro, porém, que esta relação se encaixa num amplo universo textual que organiza e conduz o feixe lendário e,

---

6. Boris Schnaiderman, "O Cavalinho Corcunda", *Para Todos*, 1ª quinzena de novembro, 1957. *Koniók Gorbunók (O Cavalinho Corcunda)*, Dietguiz, Editora Estatal de Literatura Infantil do Ministério da Educação da República Federativa Soviética Socialista da Rússia, Moscou, 1957, 110 p. Todos os textos russos a que tive acesso foram traduzidos por B. S.

num todo, a composição urde uma espécie de malha do conto maravilhoso, confirmando-se os esquemas narrativos mais habituais. Comparando-os, passo a passo, veremos que, se estão diretamente ligados, e de certo modo previstos, vão se cumprindo em cada novo texto soluções poéticas diferenciadas.

Sobre Pietr Pavlovitch Ierchóv, sabemos que nasceu na Sibéria Ocidental em 1815 e morreu em Tobolsk, em 1869. Foi professor, inspetor de ensino e diretor do Ginásio. Teve ativa participação na vida cultural da Sibéria e, ainda quando estudante, escreveu *O Cavalinho Corcunda*, considerada sua mais importante obra. A primeira edição integral veio em 1856 e teve problemas com a censura. O autor estudava na Universidade de São Petersburgo, quando teria lido pela primeira vez os admiráveis contos (*Skaski*) de Púschkin, que acabavam de aparecer, e teve imediatamente a ideia de escrever o seu *Cavalinho Corcunda*, aproveitando muito dos contos populares antigos que na infância ouvira de camponeses siberianos, e que ele própria contava muito bem. Dizem que o próprio Púschkin acolhera o conto com elogios.

Do *Cavalinho Corcunda* foram feitas na, União Soviética, contínuas e grandes tiragens e, por exemplo, é de quatrocentos mil exemplares a edição que possuímos[7]. Este era portanto um texto muito popular, atraente para adultos e crianças, em razão de afirmar os valores do povo e por ser bem escrito: um clássico da literatura infantil. Perseguido pela censura czarista, terá sido naturalmente estimulado ao longo de todos os anos seguintes, sendo publicado sucessivamente por causa de seu forte matiz de justiça social. A estória foi também posta em filme, e através das adaptações em prosa, chegou ao poeta popular no Brasil no século xx.

Torna-se então bem claro aquilo que seria nebuloso, sem a clareza de um percurso como este, se a relação fosse buscada só a partir da oralidade ou dos "arquétipos" decantados na memória popular.

---

7.   Cf. nota 6, p. 24.

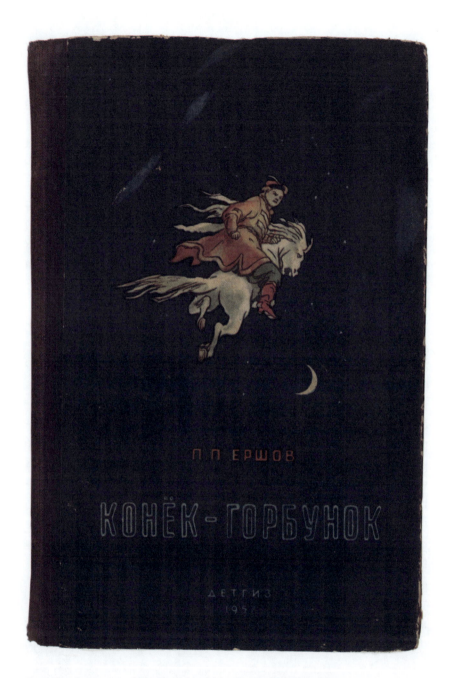

Capa da edição russa do livro *O Cavalinho Corcunda* de P. Ierchóv.

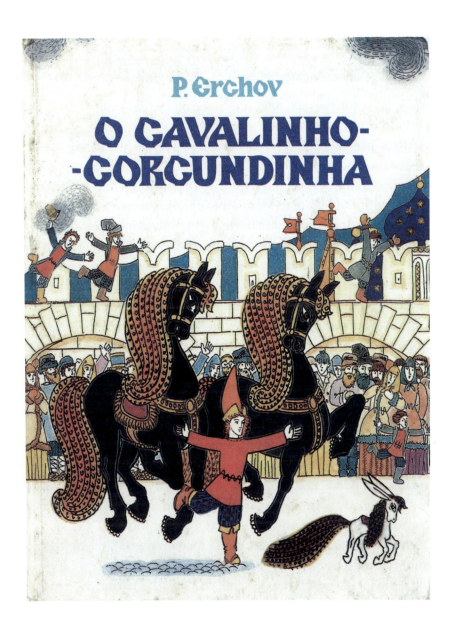

Capa da edição portuguesa de O *Cavalinho Corcunda*.

Houve em nosso folheto o respaldo estruturante e concreto da história contada por Ierchóv e adaptada ao português. Ao criar-se em folheto *A Princesa Maricruz*, a partir do *Cavalinho Corcunda* haveria uma conjunção de fatores, da operação textual à cultural, em seu sentido mais amplo, do oral ao escrito/impresso à oralidade, do visual aos sistemas de expressão verbal, do verso à prosa etc.

Falamos aqui de situações revivificadas por meio de várias linguagens e também pela linguagem dos meios, e no caso, o texto impresso, difundido a partir da literatura infantil que, em outra instância, até se pode vir a transformar em oralidade e performance.

Ao refazer o trajeto, por todo o labirinto, e livre de querer saber quando tudo começou, temos uma projeção de como as coisas acontecem, desde o camponês mais distante que o contou no passado, ao sertanejo que o recebeu lendo, ouviu e escreveu, versejou e difundiu. Passa por todo isso uma grande energia, uma força que organiza, formalizando. Somente aquilo que foi traduzido num sistema de signos pode vir a ser patrimônio da memória[8]. E é contando com este legado de memória – iconicidade e simbolização – que cada um dos criadores vai ao texto que o antecede.

O fato é que o *Cavalinho Corcunda* apoiado na tradição popular russa agradou e teve grande repercussão na Rússia e fora dela, sendo trazido para as línguas europeias, de onde a adaptadora da estória infantil em português, teria conseguido retirar sua versão em prosa.

Finalmente, neste novelo, chegou a vez do folheto nordestino que contou, além disto, com várias interferências, inclusive a de outros textos semelhantes, presentes numa longa tradição oral, de relatos cujo conjunto narrativo dele se aproximam.

Permanece o alto grau de semioticidade das narrativas populares do gênero, no fato de o herói *subverter, vencer, pôr à prova o czar, desposar a princesa, fazer justiça*, o que naturalmente confirma a gra-

---

8. Cf. Jerusa Pires Ferreira, "Cultura é Memória", *Armadilhas da Memória*, Cotia, Ateliê Editorial, 2004.

de entrevista por Propp quanto às funções do conto de encantamento. É justamente esta concentração de ações altamente definidas que garante a sobrevivência do relato e faz possível a utilização imediata das sequências disponíveis. Como nos lembra Bogatyrev[9] nesse laboratório vivo tudo se processa e organiza. Mas é na contínua performatização oral, o oral embutido no texto escrito do poema infantil, do conto para crianças, ou do folheto para todos, ao dramatizar na voz e no gesto, que se garante a vivacidade e a prontidão de como tudo se articula. Nada aí se perde, num caminho inevitável. No trânsito de uma criação a outra, como é o caso do poema de Ierchóv ao de Severino Borges, passando pela adaptação em prosa, vemos que se mantêm os significados centrais. Levando em conta uma espécie de hierarquia dos códigos e distinguindo os centrais dos secundários[10] vemos que os significados mantidos são aqueles que se apoiam na força semântica e estruturada da matriz universal dos contos de encantamento, enquanto os secundários formam todo um sistema de alusões, de referências e de representações imediatas, que nos vão oferecer a medida regionalizante. Nos vários percursos do oral ao escrito e vice-versa, as sequências se reduzem, comprimem e completam. Fazem-se valer certas dominantes de expressão e de sentido. No caso das versões populares, do conto e de sua recepção, podemos pensar na presença algo como um megatexto que vai oferecendo muitos caminhos seguidos por essa comunicação narrativa. No sistema secundário vão se inserindo detalhes das práticas sociais, e no próprio desenrolar da composição, elas se articulam na poética do conto em prosa e verso. Parece que, se nos ocupamos em seguir a semelhança ou a organização das funções, mais importante ainda será acompanhar as diferenças que nos levam a uma percepção mais clara desta criação/recriação. Nas passagens do contratexto,

---

9. Piotr Bogatyrev, *Rites et Croyances dans la Russie Subcarpatique*, Paris, Champion, 1929.
10. Boris Schnaiderman (org.), *Semiótica Russa*, 2. ed., São Paulo, Perspectiva, 2010. Cf. ainda Iuri Lotman, *Universe of the Mind*, London, Taurus, 1990.

no caso do *Cavalinho Corcunda* de Ierchóv à *Princesa Maricruz* de Severino, do poema do autor russo ao popular tradicional, do verso à prosa das adaptações e depois ao verso no folheto, encontramos muitas etapas de tradução intersemiótica. Há vários sistemas de signos em confronto. Por parte do poeta popular um acerto dentro da mais estrita medida, e às vezes vemos como é impossível dizer mais com menos palavras. A economia estrutural do conto popular até nos leva a pensar na construção do apólogo antigo. Para compatibilizar, na medida do possível, culturas tão distantes e tão próximas, por um lado, o texto adapta todo um sistema cultural, e por outro, vai se apoiando em potencialidades diferenciadoras, sempre prontas a emergir.

O incrível continua a ser esta presença no Brasil, no Nordeste e na literatura de folhetos, onde a estória se mantém, intensificados os códigos centrais.

O antigo conto popular siberiano que parte de um possível repertório indo-europeu e que Ierchóv recriou em seu *Cavalinho Corcunda* está aí vivo, memorizado e difundido e mais, mostrando uma das faces da lenda do *Pássaro de Fogo* importante e presente nos domínios da literatura popular brasileira, não como uma força estranha mas como uma nova energia sempre pronta a florescer.

Na canção, na gravura, no folheto, na transmissão oral, encontram-se os mais antigos caudais, garantia de eternidade.

Num acompanhamento da Bylina russa, diz-nos Jakobson[11] que as adaptações vão se dando através de materiais emprestados da tradição literária e também numa resposta aos acontecimentos históricos, mas que é mesmo a forma poética, a *gestaltqualität* que age na hierarquia destas funções adaptativas, como um valor integrado e preponderante.

---

11. Cf. Prefácio de Roman Jakobson para *Russian Fairy Tales*, New York, Pantheon Books, 1975. Ver também *Selected Writings IV*, Paris, Mouton, 1966.

Em nosso caso, a partir de um exercício poético, ao mesmo tempo oral e escrito, pelos princípios de um conhecimento poético tradicional, espécie de protogramática dos "gêneros", é que o poeta popular vai aproximar-se de uma possível versão do universo dos contadores populares da Sibéria, ainda e depois, do texto em verso de Ierchóv que ele não chegou a conhecer propriamente mas que teve acesso por uma adaptação em prosa aqui difundida.

Fica valendo a força de vários intertextos, a própria literatura de folhetos de encantamento como um grande universo, um repertório de procedimentos, e ainda o exercício mnemônico que nas comunidades rurais responde não apenas pela presença, mas por uma espécie de conhecimento e demanda destas estórias em verso ou em prosa, inseparável da vida social de tais grupos naquele momento. Aí não se está pensando em inconsciente coletivo, mas em coletividades concretas que vão interpretando e realizando linguagens imemoriais e já prototipadas através da transformação pela voz de seus poetas. É o ancestral em novos corpos.

Para além das matrizes textuais e de um relacionamento entre criações diversas, contamos com a coincidência de situações que caracterizam o regime de cada criação. Nas sociedades tradicionais o elenco de situações é relativamente pouco numeroso e o que varia infinitamente são as combinações possíveis. No caso do folheto brasileiro, e recuperando algumas afirmações feitas aqui, sabemos que conta muito para a matriz oral o jogo de estruturas a formar uma espécie de repetição, que se transforma em "modelo". E ainda como suporte e gerador, o texto impresso, veiculado pela indústria editorial, aquele que pode ter um destino popular e se produziu na tradição literária hegemônica, populariza-se circularmente, atingindo diversos públicos. A indústria do livro, o impresso, o cinema e a televisão não aparecem neste caso para destruir a antiga memória, mas vão conduzir a outras expectativas e despertar novas potencialidades de criação.

É nesta relação verdadeiramente tradutória que ocorrem analogias de todo tipo. No sistema secundário acontecem substituições, sinonímias, eufemismos. Dá-se nestas etapas sucessivas um reforço de oralidade que ocupa as mais diversas predisposições, das rituais às poéticas. Sabe-se que "a norma criadora é muito menos variável no universo popular, o que levou muitas vezes à interpretação errônea de que o povo só reproduz"[12]. Por sua vez, a relativa estabilidade facilita a aproximação e apropriação de registros semelhantes, tanto como deveria ocorrer, se comparássemos o conto inicial, e que por sua vez já não era tanto, àquele ouvido pelo escritor russo e o seu poema, ou quando constatamos a intensa afinidade sígnica destas criações em espaço-tempo tão disjuntos.

É da relação entre aquilo que se tem e o que se depreende, do que é veiculado ao preexistente que se faz a permanência de uma estória como esta. Seu gérmen de vitalidade está sempre pronto a se fortalecer, buscando o texto impresso que o sustente e compatibilize, ou a oralidade que o transmita. No *Cavalinho Corcunda*, a matriz oral do conto de encantamento, o lastro narrativo que subjaz, vem a se concentrar no poema de Ierchóv. Trabalha-se com a interação entre as diversas normas da linguagem[13]. O poema vai alcançar então um amplo espectro, atingindo vários tipos de público, ao mesmo tempo.

Com o advento do socialismo, a estória recriada por Ierchóv foi merecendo mais e mais acolhida, até pelo caráter didático que traz o antigo conto, denunciando e punindo os poderosos e colocando o rapaz do povo como o grande vencedor. Assim também se explica que o poema tenha caído nas boas graças do então sistema editorial soviético, merecendo as enormes tiragens que sempre teve, o que garantiria a inequívoca difusão da história.

12. Cf. Jan Mukarovisky, *Escritos de Estética y Semiótica del Arte*, Barcelona, Gustavo Gili, 1978.
13. Cf. Eugenio Coseriu, *Sistema, Norma y Habla en Teoria Del Lenguaje y Lingüística General*, Madrid, Gredos, 1962.

Uma poética do icônico: sentidos e sistemas de comunicação

Diante do universo da oralidade e visualidade em que se cria e transmite a poesia oral e, no caso, os folhetos populares (domínio do escrito-oral ou oralidade mista, avançando no complexo terreno do corpo e da performance), vamos ter algumas surpresas.

A lenda do *Pássaro de Fogo*, muito extensa em seu alcance, em algumas versões bem definidas, teve um destino especial no Nordeste brasileiro, a partir de uma situação concreta – o encontro de um texto oral que existe numa pré-disposição, uma intensa afinidade virtual com um texto impresso, que é ao mesmo tempo suporte e condutor. Como dissemos, no acesso aos livros popularizantes para públicos infantis que o poema russo de Ierchóv, *O Cavalinho Corcunda*, nos alcançou, garantindo o seu espaço em textos orais: *A Princesa Maricruz e o Cavaleiro do Ar* é o folheto que retém e transmite a outros a fábula em sua modalidade compatível.

Logo de saída, se compararmos a capa do folheto, em sua versão mais bem conseguida, aquela realizada por Dila[14], o místico e xilógrafo pernambucano, com as ilustrações contidas no livro russo, experimentamos uma grande perplexidade, ao ver se repetir, em tempos/espaços distantes, um conjunto de imagens tão próximas, como se partissem da mesma intenção criadora. A sequência "cavalo voador" e seu cavaleiro, a árvore do lado, a lua minguante ao alto que comparecem nas edições russas do poema de Ierchóv estão na capa de uma das edições do nosso folheto. Ajustando-se a um traço mais singelo e a uma representação mais estática, mantém-se íntegro, num todo, um sistema de ícones, e repetindo-se os elementos do conjunto. A não apostar em inconsciente coletivo, seria então cabível perguntar: teria o artista popular visto uma ilustração assim em qualquer parte? Será que é esta uma "representação" consagrada para tal situação, a recriação de formas fundamentais que ficaram

---

14. Um dos mais importantes gravadores populares do Nordeste.

Capa do folheto *A Princesa Maricruz e o Cavaleiro do Ar*, gravura do xilógrafo pernambucano Dila.

Desenho constando da edição russa de *O Cavalinho Corcunda*.

gravadas visualmente ou é também tudo isto ao mesmo tempo? A resposta, ao que tudo indica, deverá avançar na direção já esboçada, quando tratamos da recriação do poema que conheceu, a partir de um contratexto, sucessivas etapas verso-prosa. De fato, parece haver uma espécie de "memória icônica" que sustenta o que é visto, que vai ao encontro do que se transmite por imagem impressa e aquilo que é narrado ou descrito. Numa circulação intersemiótica, o visual e o verbal vão comprometendo outros sentidos e sistemas de comunicação. O significante icônico constrói-se como um texto e há uma espécie de poder figural que se transforma de fato em figura, na mais plena acepção da palavra. Tanto na representação de imagens como nas imagens que performam o discurso, em suas extensões, reúnem-se o visto, o entrevisto, o contado, o conjunto de outras projeções visuais, que organizam certos conjuntos básicos. É como se houvesse um "depósito" daquilo que se retém e se oculta, e que passa a manifestar-se no sentido espacial, fixando na memória o visto ou manifestando o que não era visível?

Constrói-se, então, um lastro icônico de memória como um grande texto, não sendo possível deixar de lado *a noção de figura* que, por sua vez, é matriz do próprio ritmo da narração[15].

MEMÓRIA ICÔNICA

Duas noções centrais neste bloco nos garantem a presentificação. É o universo do *ver* e o universo do *falar* que vão aproximando aquilo que nossa lógica contemporânea um dia separou, e não sabemos até onde o teria conseguido.

Fica bem claro que surge um elemento maravilhoso da viagem abrindo uma fresta para uma apresentação em bloco da visão mitológica:

15. Erich Auerbach, *Figura*, São Paulo, Ática, 1997.

Alexandrino voltou
Da viagem prolongada
Viu as ninfas do Parnaso
No reino da madrugada
Viu coisas interessantes
Pois *viu* estátuas de ouro
De platina e de brilhantes
Viu Cupido seduzindo
Os corações dos amantes
Viu um imenso farol...

A lua dourava os campos
Com a luz *cor de* cambraia.

Eis que a aparição da princesa se faz de acordo ao projeto de representação frequente no universo medieval trovadoresco, ou mesmo como numa aparição religiosa.

Há uma tradição de mostrar assim a princesa ideal:

essa princesa era linda
como uma noite de festa
um diadema de ouro
com ornamento na testa.

A figura que tem construído uma espécie de repertório icônico traz elementos do descrito para o visto, em intercursos, e que se liga a cada uma das novas construções, inovando em profusão de detalhes.

É o diálogo que faz seguir e encaixar esta presentificação da personagem, e nos leva também a ver. É este estatuto *da presentidade, do corpo e do olho* que aqui encontramos em sequências míticas dos folhetos de nossa literatura popular:

Quando o rei *viu* a princesa
Disse: que porte formoso.

Aqui, *forma* tem um sentido muito especial. Corresponde a um conceito neoplatônico de perfeição, teria na história da cultura ocidental um grande desempenho na teorização ou na criação. "Como a matéria simples busca a *forma*", de Camões, é uma formulação que se repetiria, tantas vezes, ao longo desta tradição mantida entre nós.

Reúnem-se então o visto, o entrevisto, o contado que se materializa na figura, o conjunto de outras representações visuais de igual teor, manejando um sistema de elementos fundamentais. É como se tudo fizesse parte daquilo que se retém e que se oculta, passando a manifestar-se, em sentido espacial; fixar na memória o visto, ou também pôr de manifesto o que não é visível? O significante icônico constrói-se então como um grande texto narrativo, não sendo possível deixar de lado a noção de figura, que é matriz do próprio ritmo da narração.

Erwin Panofsky[16] procura ver na "matriz icônica" o que se preserva ou desaparece, dizendo-nos que nos marfins carolíngios, portanto medievais, os tipos clássicos são substituídos pelas representações góticas ou românicas, sendo que as personificações da natureza tenderam a desaparecer; só os ídolos pagãos, frequentemente encontrados em cenas de martírio, preservaram sua aparência clássica por mais tempo, por serem símbolos do paganismo. Também genuínas imagens foram sendo tocadas por marcas orientais. Há ainda o fenômeno da junção de várias imagens que são combinações ou *invenzioni*. Assim, uma mesma cena bíblica pode ter as apresentações mais diversas.

Buscando os princípios básicos que regem as escolhas, passando de uma iconografia a uma iconologia para entender o que acontece, quanto a repertórios e exercícios das formas etc., observamos as afi-

16. Cf. *O Significado nas Artes Visuais*, São Paulo, Perspectiva, 1976.

nidades iconográficas (Orfeu/Davi) (Hércules/Cristo). Também é preciso considerar a *interimagicidade* ou intericonicidade, mas e há também a realização da imagem diretamente ligada a textos do circuito literário: a presença dos comentaristas sobre a imagem, como o admirável comentário de Virgílio, que circulou na Idade Média. Há todo um *acervo mitográfico* que existiu e que se tornou accessível a poetas e artistas. Do mesmo modo que havia cartógrafos, havia os *mitógrafos*, por exemplo, o de Alexander von Neckham, morto em 1217, é o que continua a nos dizer.

Aí as figuras da mitologia antiga não só foram interpretadas, mas quase relacionadas com as narrativas cristãs. É que este repertório iconográfico traz uma espécie de elenco de imagens, as mais populares, que foram se formando, assim como uma sucessão de traços foi se acumulando em algumas séries.

Sínteses vão se operando em séries culturais confrontadas ou interrelacionadas. Sugestivo é o achado de uma figura de *Pomba-gira da Umbanda*, feita a partir de uma representação do *Nascimento de Vênus* de Boticelli (pertencente a Lina Bo Bardi) tão difundida, que um escultor popular teria visto em publicações correntes como, por exemplo, em *Gênios da Pintura*, da Abril Cultural, que circulou em grandes tiragens em bancas de jornais no Brasil[17]. Do mesmo modo, o *São Sebastião*, esculpido em madeira pelo artista popular nordestino Jota Barros, que terá captado imagens de pintores como Mantegna difundidas pela mesma série editorial, juntando os seus elementos básicos àqueles represados em sua memória.

Há um espaço/receptáculo em que se reúnem o texto cultural, a organização do imaginário e a figura, no sentido diretamente icônico e a figura como sistema de linguagem verbal. O importante será que os membros da coletividade decifrem e reconheçam o acontecimento, recriando-o.

---

17. Encontrada na casa da arquiteta Lina Bo Bardi, em São Paulo.

E aí a linha divisória não passa entre o imaginário e o real, mas entre o reconhecível e o irreconhecível, garantia de presença em certa cultura.

O motivo da espada de Judite ou Salomé pode ter muitas apresentações, assim como a cabeça de João Batista, que é uma imagem devocional isolada, nos lembra ainda Panofski. Seria preciso ver então que princípios regem estas escolhas, e como se passa do repertório ao exercício das "formas". Existe uma interimagicidade e mais, uma inter-iconicidade no acervo mitográfico depositado na memória, e que é reativado pela contemplação próxima ou distante e pelo relato mais imediato. As figuras da mitologia antiga não foram apenas interpretadas, mas profundamente relacionadas com as práticas do cristianismo.

A quebra dos portões da Gaza e a cena de Jonas salvo no ventre da baleia são recorrências visuais, das bíblias ilustradas, aos livros mais correntes e até no cinema. Procurei mostrar, em *Cavalaria em Cordel*[18], a presença de um léxico medieval conservado e íntegro e também imagens de cavaleiros e armas, de espadas, lanças e arneses.

Os repertórios do oral e iconográfico trazem um elenco de imagens, as mais consagradas, sucessões de traços, vestígios que se vão acumulando em algumas séries, reunindo-se o mundo medieval conservado ao pagão, as imagens de santos a outras imagens profanas, como é o caso de Carlos Magno, seu chapéu e o cetro.

Voltando às histórias do *Pássaro de Fogo*, prosseguir nesse caminho de interimagicidade nos conduzirá certamente a novos e surpreendentes achados.

---

18. São Paulo, Hucitec, 1993.

O CORPO PRESENTE

No Renascimento, à instalação sólida dos princípios da visão se liga uma clarividência experimental e científica, como se sabe. O "Vi claramente visto" do poeta Luís de Camões dá lugar a que se espraie um conhecimento claramente acumulado, falando de geografias concretas. No universo intersemiótico em que se desenrola a literatura oral, em seus textos vocais e gestuais, reúne-se o *ver* que é "ideia" ao que é a própria materialidade da visão.

A lenda do *Pássaro de Fogo*, em sua rede de textos é muito mais visual do que se poderia pensar. O próprio verbo *ver* vai se intensificando e repetindo, em todas as possibilidades. Há um *ver* mitológico repertoriado num acervo transmitido e há um *ver* epifânico que prepondera, aquele que pelos sentidos vai se fazendo figura (visão e forma). Pode-se até mesmo dizer que há toda uma concentração em *ver, viu, foi vendo, visto*, o que nos faz pensar numa iconicidade proposta por figuras sobre as quais se concentra o estatuto da luz e do brilho: a exuberância diamantina do animal ajudante (o doador) já traz consigo uma iconicidade captada em muitos outros relatos e imagens, oferecendo, no caso, a ancestralidade conceitual da fusão animal-mulher. Não se sabe bem se é da égua mágica ou da mulher que se está falando. Importante é constatar que nesse espaço figural, ao esforço de significar corresponde sempre o equivalente dêitico, o designar, mostrar.

> Era uma égua dourada
> Os olhos como brilhante
> Corpo roliço bem feito
> Cada casco um diamante
> A crina bem grande e branca
> A cauda bem abundante.

No universo em que se aproximam mito e conto, no lastro das estórias de encantamento que nos remetem a um longo e distante tempo, aguça-se a visualidade integrada a outros sentidos. À necessidade narrativa se reúne a presentificação que requer imagem e visão. Vamos encontrar a hipótese de Lyotard[19] de que existe uma espécie de pulsão figural e que todo discurso remete a um objeto exterior à linguagem verbal ou considerar o símbolo visível e que se vai vendo (*voyant*), na imagem falante. Consideramos haver nesses textos uma enunciação pela imagem. A vista fala. A luz divina toca o espírito da virgem, quando o Arcanjo Gabriel se apresenta a ele. Ao tratar do animal mágico, o poeta popular nos situa diante de uma iconicidade recolhida num repertório do mito, ao conto de encantamento e que, no trajeto, vai aglutinando outros textos "verbi-voco-visuais"[20], num contínuo. Em clima precioso, numa elaboração erotizante, prenunciada por:

Nessa hora Alexandrino
em cima da égua cai

se armam as falas que sempre têm a estrutura de diálogo. É em presença, e no intercurso de vozes, que se realizam as tiradas que unem o personagem e seu interlocutor fantástico. Como nos antigos contos de animais falantes é aqui perfeitamente previsível o diálogo entre a égua mágica e o rapaz. Ela lhe oferece três cavalos extraordinários que o moço poderá vender, menos o *Corcundo* [*sic*] único e original. O defeito físico é mostrado em muitas ilustrações, como aquela do livro infantil que serve de matriz a este folheto, configurando-se a excepcionalidade:

---

19. *Discurso, Figura*, Barcelona, Gustavo Gili, 1979.
20. Conforme formulação de Haroldo de Campos.

ele corre veloz como o vento
e só viaja pelos ares.

A partir daí, a visão é oferecida como participação no inusitado, passando-se também ao visionário:

Viu o pássaro de fogo
dum tamanho do arrebol
Sua luz era mais clara
do que a própria luz do sol.

E a pena que o rapaz conseguiu arrancar era clara e fosforescente, mais que simples objeto, era a linda pena:

Disse o vassalo ao rei
com a voz muito arrastada
– e o vosso empregado novo
tem uma pena dourada
brilha mais do que o sol
parece ser encantada.

Tem-se a impressão de que o figural preexiste e que é ele que permite toda uma reconstituição de visualidade que se materializa nas várias linguagens da narrativa oral:

Com duas horas de voo
chegaram na tal paragem
que estava o pássaro de fogo
dentro de grande ramagem
com suas penas brilhantes
iluminando a folhagem.

Alexandrino e o Pássaro de Fogo, gravura de Gilvan Samico.

Parte então o herói para o fundo do mar, para capturar e trazer a princesa que está dentro de uma barca de vidro. A comida é posta para ela numa bandeja dourada.

> A Princesa era linda
> como uma noite de festa
> um diadema de ouro
> com ornamento na testa.

É porém o diálogo que nos faz seguir e alcançar a presentificação da personagem, que também chegamos a *ver* quando nos contam ou leem a história. É o olho que nos conduz à fala, é a corporeidade da presença imaginada que precipita a mais viva e concreta oralidade:

Então perguntou a ela
– A princesa *respondeu.*

A palavra pode ser aí tanto a ocupação de rivais quanto o jogo de antagonismos em que se fundem as esferas semânticas do ver e do falar. De repente, nos passos desta razão mitopoética, podemos acompanhar como se aproximam os sentidos, os gestos. Por isso nos fica tão claro que o elemento maravilhoso da viagem abre uma fresta para uma apresentação, em bloco, da visão mitológica que se quer como figura:

Viu Cupido seduzindo
os corações dos amantes...
Viu um imenso farol...

e daí por diante: além da curiosidade que sentimos quando nos contam que alguém viu o que não se costuma: a própria sedução. É também curioso, seguindo a narrativa, o desenrolar de uma prova de ordálio, em que o herói entra num tacho de água fervente e sai "bonito de formas", enquanto ao tratar do mesmo motivo em outro texto encontramos que o "herói sai ileso"[21]. Aliás, *forma* aqui mais uma vez recupera o conceito platônico de perfeição, que tem tão grande presença na história da cultura ocidental.

Quando o herói se lança ao mundo para buscar a pena, consegue seu intento *vendo* o pássaro. Ele nos fala em "divisar" o pássaro de fogo, visão esplendorosa, em qualquer um dos relatos do ciclo por onde a lenda se espalhou

O *Pássaro de Fogo*, numa canção nordestina, pode estar pousado no "alto de um cajueiro", é uma *figura* que se fixa no texto cultural a partir de uma perspectiva bem ampla. Tem densidade semântica, remete à representação aceita e é visto pelos artistas populares ou

---

21. Vladimir Propp, *Raízes Históricas do Conto Maravilhoso*, São Paulo, Martins Fontes, 1997.

por aqueles que buscaram apoio na criação popular, como Gilvan Samico, talentoso artista e integrante do Movimento Armorial do Recife. Operando no espaço limite, voz e figura, ele se firma. Presta-se ao ornamental, à estilização conjunta de toda uma galeria de pássaros/aves que transitam entre as estórias de encantamento e a identificação do mundo real, percorrendo os estágios dos índices, como a pena/prova (perigo e beleza), ou a luz que cerca a aparição (esplendor contemplado).

A pena do pássaro de fogo é o símbolo da capacidade de salvar o cotidiano, em suas agruras, pela epifania da aparição luminosa que se instala numa projeção repleta de promessas.

AO PÉ DA LETRA — ORAL / ESCRITO

Quando nos encontramos diante de contos populares e dos folhetos de cordel, temos a tendência de atribuir à tradição oral um peso excessivo, um poder de originalidade e de criação que não é tão somente a sua. Para entender o que se passa, temos de levar em conta categorias de expressão, situações narrativas que se mantêm, sempre prontas a aparecer e que formam uma espécie de virtualidade que chamamos "a grande matriz oral". Contamos com enredos que se perdem nos tempos, por muitas mediações e trocas, e que, diante de nós, em dado momento, como por um milagre se articulam, de repente. Esta literatura, conto oral ou folheto, existe em sistema de oralidades e se sustenta na relação com outro conjunto, a matriz impressa. Ela se compõe dos textos escritos, impressos, daqueles bem recebidos e difundidos oralmente, seja ele o conto de fada (denominação estranha e alheia), a história de encantamento, o conto da "literatura" ou ainda poemas ou peças teatrais que, por algum motivo, se relacionam e compatibilizam com o universo da tradição popular mais diretamente. A exemplo do que ocorreu na Europa e em Portugal mais diretamente, em nosso caso, mesmo levando em conta diferentes gradações e intensidades de fenômenos, houve no Brasil a força de impacto das editoras que popularizaram histórias provenientes de repertórios difundidos no Ocidente e que, divulgadas em brochuras ancoraram, como não podia deixar de ser, em nossa *literacy* tão oralizada, e no ambiente de nossas culturas do oral, tão mescladas a outras tradições africanas, mestiças, ameríndias. Funcionaram estes textos e edições como um ponto de apoio para cada nova criação ou conjunto de criações, e ainda como aval e confirmação de opções e gostos. É o caso de editoras como a Vecchi e a Quaresma, entre outras, que fizeram circular suas coletâneas de livros infantis, de estórias várias, da Carochinha ou da Baratinha, das *Mil e Uma Noites*, assim como obras de autores famosos, populares, por destino ou por linguagem, difundidos por certas modas ou incorporados à recepção popular. Alguns desses autores foram também levados ao teatro popular, aos circos, constituindo uma espécie de matriz performática que se reuniu à força da ação do texto impresso sobre o oral.

O que é do povo volta a ele, o que era prosa se faz verso, o que era verso se faz prosa, assim sucessivamente, um fenômeno muito forte e emocionante de acompanhar.

Uma noiva para o czar

A PENA E A PENA

Sabe-se que no folheto de encantamento mantém-se um componente do conto popular, dos mitos mais antigos que cercam a condição heroica, quando se trata de viagem. É a *Travessia*, que ali comparece através de toda a força desta palavra[22].

---

22. Cf. Jerusa Pires Ferreira, *No Metal da Fala: Leitura de um Folheto de Cordel*, Departamento de Sociologia da Universidade de São Paulo, 1980 (Tese de Doutorado).

Na habitual andança que o herói realiza em seu cavalo poderoso, divisa o pássaro de fogo, que era de tamanho extravagante. Este é também um traço comum aos relatos por onde passou a lenda. A ampliação envolve um processo mágico, o mistério com apoio no extraordinário, e que fica registrado como uma preferência inconteste nas populações que ouvem tais relatos.

No caso de minha região natal, creio que assim como em outros meios sertanejos, é sempre o desmedido, quando se trata de contar algo, um legítimo recurso da amplificação épica que sobrevive.

Ligam-se ainda as imagens à sua representação prática, o que termina por conduzir à "aparição": "O bico do pássaro era curvo como um anzol", e em outro momento já dissera o poeta popular que "o cavalinho voou pelo firmamento, parecendo um avião" (PM[23], p. 7).

Nas várias narrativas do *Pássaro de Fogo* é frequente a menção à grande iluminação causada por esta presença. Fala-se da luz de mil velas, do grande clarão e um traço comum a todas elas é o resgate de uma pena pelo herói: "A clareira do bosque era iluminada como se fosse de dia. Vanka conseguiu segurar pela cauda (ali eram vários pássaros de fogo), mas o pássaro escapuliu, deixando-lhe nas mãos uma pena resplandecente" (CC[24], p. 25).

Este é um *objeto prova*, como em outras aventuras; é o dente do dragão que o protagonista guarda como *mostra* da façanha. Em nossa história, este lance poderá servir para que se constate a diferença no espírito das versões, as condições próprias de um ou outro relato. Naquela que recolheu Afanássiev (PF[25]), como o Príncipe Ivan é filho do Czar, e tem um estatuto superior, ele se pode dar ao luxo de entregar a pena ao pai para que a guarde, como um objeto a ser conservado; afinal ela é mostra de sua vigília e coragem, a serem compartilhadas. Sua relação com os vários czares que aparecem ao

---

23. Leia-se *Princesa Maricruz.*
24. Leia-se *Cavalinho Corcunda.*
25. Leia-se *Pássaro de Fogo.*

longo da trama aventuresca é de igual para igual. Ele os encara sem temor e os afronta; não há o que esconder. No *Cavalinho Corcunda* e na *Princesa Maricruz* a *pena* vai ser o objeto da perdição, da pena ou castigo; é o detonador das peripécias e das incríveis desventuras. Havendo tal disparidade entre o herói, rapaz pobre e o czar ou o rei que ele encontra, o resgate da pena não poderia ser compartilhado.

O objeto (a pena) significa e revela o conflito, que instala e propicia a *delação*; é o índice revelado pelo intrigante, que no folheto nordestino está presente sob várias denominações, como vassalo intrigante ou "corta-jaca".

É por causa deste objeto maldito, que se vai transformar depois em bendito, que o rapaz virá a sofrer um castigo, ao mesmo tempo sua salvação e perdição do poderoso. O próprio ajudante mágico não se cansa de aconselhar para que a pena não seja vista.

> Mas um vassalo do rei
> Um corta-jaca pedante
> Viu que Alexandrino tinha
> Uma pena interessante
> De um farol luminoso
> como pedra de brilhante
> ... Pois o vassalo sabia
> que havia uma princesa
> No fundo do Oceano (PM, p. 8)

Ou mesmo: "Um velho cozinheiro disse que ouvira certa vez de seu avô que numa região distante, para além dos mares, existia uma princesa" (CC, pp. 26-27). Em várias versões da lenda do *Pássaro de Fogo*, o czar pede ao herói que vá aos confins da terra, no último dos reinos, para encontrar Helena, a Bela.

É curioso e instigante este mito comparecendo em tantas narrativas ancestrais, de Gilgamesh aos nossos dias, inclusive, e aparentemente de modo tão inexplicável, urdindo-se no *Fausto* de Goethe.

O episódio do resgate da princesa, que está no fundo do mar, aproxima ainda mais o conto de Ierchóv ao de Severino Borges. Num, o herói vai pedir a mão da princesa ao Sol e à Lua, noutro, ao rei Sabaol, Reino do Arrebol, conforme componente mitológico, sempre presente na cultura tradicional nordestina. Este é um dos elementos que diferenciam os dois textos em comparação direta.

O folheto suprime e sintetiza etapas de determinada ação, corta muitos detalhes episódicos e situações, revelando uma escolha e uma possibilidade concreta. Tem-se de levar em conta o impulso narrativo, o caráter sintético do verso, a quantidade de folhas a que se sujeita a coisa narrada e a instalação de um cânone poético, à maneira de outros relatos de encantamento.

Há sempre um tom mitológico conduzindo pelos caminhos da "retórica" apreendida e exercida. Ao falar-se de ninfas do Parnaso, Cupido seduzindo amantes, vem a referência à Deusa Maia (alusão a outros calendários ou à denominação russa?).

O ORDÁLIO

O episódio em que o herói tem de ir buscar noiva para o Czar, nos textos russos, aproxima diversas narrativas por onde transita a lenda do *Pássaro de Fogo*. Na do *Lobo Cinzento* (PF) como na versão tcheca, em que o animal ajudante é um raposo, quando da busca da Bela Helena e, tendo o herói se apaixonado por ela, cabe ao ajudante mágico transformar-se à sua imagem, para enganar o soberano, ficando o herói porém com a belíssima noiva.

No *Cavalinho Corcunda* e na *Princesa Maricruz* comparece a prova, remanescente dos antigos ordálios, sacrifício ritual em que o inocente se sujeita à violência, a decepações e a outros atos mutiladores, saindo sempre ileso, o que evidentemente não ocorreria com o culpado. Nestes dois textos o herói deveria resgatar a noiva para o soberano mas não o faz; ao contrário, solicita-a para si próprio. É importante o fato de estar em causa o direito do senhor, a vitória do povo contra os poderosos, e que assim se explicita:

> Pensou em barrar o rapaz
> mas foi quem ficou barrado (PM, p. 16).

Estas situações frequentes no conto popular e no folheto de cordel parecem querer denunciar a fundo as falhas da estrutura social consagrada ou, ao menos, permitir algumas subversões.

No mito de Tristão e Isolda[26], em que o herói vai buscar a noiva para o Rei, seu tio, os protagonistas estão sujeitos à lei da hierarquia, dentro porém da mesma classe social; para a realização deste amor, para que a noiva não fosse do soberano, teria de haver o peso da proibição e a mediação de filtros amorosos.

Na estória do folheto (PM) como no conto russo (CC) a heroína impõe condições ao czar:

> — Talvez lhe concedesse minha mão se você conseguisse transformar-se num jovem formoso... diz ela. Faça instalar no pátio do palácio três grandes tachos: o primeiro de água fervente, o segundo de água fria e o terceiro de leite em ebulição. Você se atirará em cada um desses tachos, começando pelo de água fervente, e quando chegar ao terceiro, ao do leite, estará tão jovem e formoso como o sol ...

Quando o czar obriga ao herói experimentar primeiro, depois da última prova Vanka reaparece formoso como o Sol.

> Tranquilizado por esta experiência, o velho czar saltou, por sua vez no tacho de água fervente ... mas dali não saiu, pois ficou completamente cozido (CC, p. 30).

---

26. Yone de Carvalho, *Teias de Tempos e Sentidos: Os Textos de Legenda Anglo-normanda de Tristan no Século XII*, Programa de Pós-Graduação em História da PUC/SP, 2010 (Tese de Doutorado).

Só me caso com o senhor
Se entrar primeiramente
numa taxa muito funda
cheia de água fervente
E outra de Leite quente
... Alexandrino entrou
na taxa de água fervente
saiu bonito de formas
que admirou toda gente
o rei foi entrar também
morreu instantaneamente.

(PM, p. 15)

Propp nos fala da prova do leite fervendo e a sintetiza na fórmula "és velho e eu sou jovem... conheço algo que te fará rejuvenescer", e tenta além disso explicar este tópico, aludindo a antigos rituais.

No chamado conto de fadas, o banho redentor é sempre muito quente, e só o herói é capaz de suportar uma temperatura em que os outros perecem. Numa versão, o velho rei esforça-se para destruir o herói num banho mas o cavalo deste último é dotado de qualidades mágicas e pode esfriar a água com seu bafo, de modo que o herói sai incólume. Ele então convida o rei a entrar no banho, e este morre cozido. A questão aqui é a mágica secreta do herói, que se preserva de ser fervido na água ou cozido no fogão[27].

Com a morte do rei, o rapaz e sua princesa, nestes relatos, alcançam a vitória que é afinal a do povo. Destrona-se o soberano, casa-se a princesa com o rapaz pobre e esforçado, que herda o reino e propõe um reinado de justiça e de agrado popular.

É assim que acontece também nas histórias de vaqueiros e boiadeiros valentes. Só que aqui, não se trata de ganhar pelo combate mas pelo ardil: nestas façanhas de enganos estão presentes afinida-

---

27. Cf. Marie-Louise von Franz, *A Sombra e o Mal nos Contos de Fada*, São Paulo, Paulus, 1999.

des de procedimentos com o universo picaresco. As mesmas normas de que lança mão o não poderoso para derrotar os donos do poder, tão presentes no espaço mítico do conto popular em geral.

Este tipo de história tem a ver com a sociedade que a aceitou, com o poeta que a repetiu e recriou, conduzida por toda uma força da tradição. Levar em conta o quanto agradou uma história adaptada é verificar o termômetro das compatibilidades, do acordo ou desacordo de situações afins ou diferentes.

Não é para se perder de vista que tipo de público a solicitou e ainda solicita; o poeta, com sua formação e em que condições adapta ou recria; os procedimentos intersemióticos que se realizam entre o ativamento da memória e os espaços da criação. E também os processos e efeitos de linguagem conseguidos para a transmissão mais efetiva do texto adaptado ou recriado. Interessa ainda seguir os módulos da adaptação (se rumo ao fantástico ou ao real nesta instância), aquilo que é repetido, acrescentado, transfigurado.

Há no relato do *Cavalinho Corcunda*, mediado por sua adaptação em português e no da *Princesa Maricruz*, uma afinidade que pode apontar para os mesmos propósitos, usos da fantasia e denúncias em grupos sociais tão distantes em tempo/espaço.

Parece que a maior incidência destas adaptações de histórias para o português se deu pela década de 1950, o que vem coincidir com a suposição do pesquisador Sebastião Nunes Batista, num depoimento oral e que aqui faço minha:

> O folheto seria desta década, e estaria seguindo talvez os apelos de textos distribuídos por editoras populares como a Vecchi e a Quaresma, a uma etapa de forte atuação sobre a aquisição da letra, conforme uma tradição muito oralizada; a um perfeito ajuste de situações narrativas, correntes no universo narrativo tradicional, patrimônio popular.

Aqui e lá o encantamento vai também tentar corrigir a realidade, na medida em que isto seja preciso, para o ajuste das expectativas, amenização das insatisfações etc. Como naquela antiga Rússia, o mundo desses contos manifesta os índices de insatisfação na vida social, lugar por onde passam as reclamações, de quem não as pode fazer.

Lembremos o fato de terem estado sujeitos à censura czarista; sabia-se que a fantasia não significava evasão, e que as simbolizações teriam funções bem definitivas, no plano psíquico e social.

Este "maravilhoso", presente no folheto com extrema fidelidade, pode ser ainda um disfarce, pretexto, assim como uma poética onde tem lugar a força expressiva da pena luminosa, a presença do *Pássaro de Fogo*, magia a renovar-se incessantemente em mais e mais formas de dizer.

Em torno do resgate da princesa, encontra-se o costumeiro preparo da alimentação ritual, que assim se descreve a partir da história russa:

> Corre e pede ao rei, ordena que te deem uma tenda bordada a ouro, acepipes os mais variados e guloseimas delicados (cc, p. 27).

E assim ocorre no folheto:

> Você vá e peça ao rei
> Uma bandeja dourada
> Cheia de toda comida
> E muito bem preparada
> Porém a comida ensoça
> Se não se perde a *caçada* (PM, p. 10).

Acho que, mesmo levando em conta as mediações de antigos rituais, comportaria a menção às observações feitas por Antonio Candido (*Parceiros do Rio Bonito*[28]) sobre a alimentação e seu valor simbólico. Diz ele que a escassez de alimentos em determinado

---

28. Cf. Antonio Cândido, *Parceiros do Rio Bonito*, São Paulo, Ouro sobre Azul, 2010.

grupo social faria ocorrer uma espécie de fome psíquica, que passa para o plano ritual.

Mas há aqui também a necessidade da pompa, de afrontar pela iguaria e pela embalagem de luxo.

Esta sequência da captura que é chamada de caçada pelo poeta nordestino, realidade prática a que está afeito, é mesmo altamente ritualizada. Os ingredientes de possibilidade ou interdição estão aqui integralmente presentes. Um detalhe que merece atenção especial é a nota do alimento insosso, no folheto. Com a comida sem sal, o gênio, que mantinha a princesinha presa, perderia o poder. O sal é correntemente um elemento benéfico ou maléfico, a depender da situação do ritual, podendo também ter um vínculo com o sagrado, como nos batismos católicos, enquanto nos catimbós pode também ser usado para o mal. Neste relato há uma minúcia pertinente na organização de todo um sistema de detalhes.

Tudo isto tem grande persistência na tradição popular brasileira. Mereceria ser feito um levantamento, que aqui não cabe, dos tabus alimentares, das interdições rituais e sociais que aparecem nesta literatura de folhetos brasileiros.

Recepções, leituras

A ESTRUTURA DO CONTO

Do Cavalinho Corcunda à Princesa Maricruz

Em tradução corrente de Boris Schnaiderman se lê:

Além dos montes, além das matas
Além dos vastos mares
Não no céu mas na terra
Vivia um velho numa aldeia

O camponês tinha três filhos:
O mais velho era um rapaz inteligente
O segundo assim assim
O mais novo inteiramente bobo.
Vendiam na cidade capital
Quer dizer aquela capital
Estava perto da aldeia.
Ali vendiam o trigo
O dinheiro recebiam e contavam
E com a bolsa repleta
Voltavam pra casa.
Num tempo longo ou curto
Aconteceu-lhes uma desgraça:
Alguém começou a andar pelo campo
E a mexer no trigo.
Os mujiquinhos tal tristeza
Desde que nasceram nunca viram.
Puseram-se a pensar e a matutar
Como espiar o ladrão
Finalmente tiveram a ideia
De ficar de vigia
Cuidar do trigo de noite
Espreitar o malvado
E então apenas começou a escurecer
O irmão mais velho pegou a se arrumar
Tirou o ancinho e o machado
E foi ficar à espreita.
Era noite de mau tempo
O medo caiu sobre ele
E com os medos, o nosso mujique
Se afundou no fenil.
Passa a noite chega o dia
Do fenil o vigia sai

E, molhando-se com água
Começa a bater em baixo da isbá:
– "Ei – vocês, tetrazes sonolentos
Abram a porta ao irmão.
Embaixo da chuva fiquei todo molhado
Da cabeça aos pés"
Os irmãos abriram a porta
Deixaram entrar o vigia
Puseram-se a perguntar
– Não teria visto nada?
O vigia rezou
Inclinou-se para a direita e para a esquerda
E depois de tossir disse:
"Passei a noite toda sem dormir
E para minha desgraça
O mau tempo era terrível:
A chuva jorrava em abundância
Molhei toda a minha camisa
Ai como foi ruim!
Aliás, tudo bem".
Elogiou-o o pai:
"Tu, Danilo és um bichão
Tu, podemos dizer, exemplarmente
Me serviste com fidelidade
Isto é tendo tudo nas mãos
Não me envergonhaste"...

Transcrito em sua versão em prosa, na coletânea infantil, o conto oferece a seguinte estrutura:

Fórmula inicial – Muito para lá dos vastos mares, sobre a terra e em frente ao céu vivia um velhinho. Três filhos – o mais velho inteligente, o segundo assim; o terceiro *bobo*, conhecido como Vanka, o imbecil. Os irmãos cultivavam o trigo, vendiam na cidade próxima, recebiam dinheiro e voltavam para casa com a bolsa pesada. O Velho descobre a sementeira pisada, propõe a *vigília*. Segue a argúcia de Vanka, o imbecil – o ardil das varetas. Vê a égua saltar, *monta de frente para a cauda do animal* seguro à cauda. Observar então a importante significação desta posição nos rituais.

Animal tenta pacto com Vanka em troco da liberdade.

O ajudante mágico lhe dá um presente, que é o cavalinho corcunda.

Diálogo entre Vanka e o cavalinho corcunda; Vanka oculta diálogo do pai.

Levanta cedo para cuidar dos animais; descoberta do segredo pelo pai e irmãos.

O roubo dos cavalos dourados – irmãos *versus* herói.

Na clareira a luz provinha dos Pássaros de Fogo.

Vanka segura um pássaro pela cauda.

Pássaro escapole mas Vanka guarda a pena na blusa: *a prova*.

Na Feira a gente abria caminho aos cavalos dourados.

O czar passa pela feira e propõe negócios da compra de cavalos.

Vanka beneficia irmãos com dinheiro e entra para cavalariças reais.

Cavalos sempre radiantes, palafreneiro espiona e denuncia o caso do pássaro de fogo.

Czar ordena: quer o Pássaro dentro de três dias. O Cavalinho Corcunda pergunta a Vanka sobre suas mágoas.

A preparação do ritual. O Cavalinho ordena a Vanka que volte à presença do czar e lhe peça: grãos finos, bebida doce e um par de tigelas.

Cavalo anda e corre por entre as nuvens; encontra uma clareira com pássaros.

Vanka aprisiona Pássaro de Fogo num saco e apresenta-o ao czar.

É forte a presença do Pássaro ardendo como fogo.

Depois do fato, felicidade e paz.

Uma noite, servidores do palácio tagarelavam ao luar, cada um contava sua estória. [Aqui surge o relato dentro do relato:]

Velho cozinheiro ouvira do avô que para além dos mares, existia uma princesa, filha da lua e irmã do sol. Princesa Vela trazia na fronte uma estrela (a estrela na fronte, sinal especial em pessoas e animais) e meia lua sob as compridas tranças louras.

Palafreneiro enciumado volta a implicar com Vanka.

Vanka declara poder descobrir a princesa.

Czar ordena que o herói rapte a princesa que seria sua noiva no prazo de três dias.

Diante do impasse de Vanka, o Cavalinho ordena pedir ao czar todo o material ritual como da vez anterior: tenda bordada a ouro, acepipes variados, guloseimas delicadas.

Monta no Cavalinho e voa como Pássaro; põe a mesa na praia disposta com manjares e gulodices.

Herói adormece e não vê a princesa.

Cavalinho adverte:

– Linda barca é trazida por ligeira brisa. A aparição da princesa é uma verdadeira epifania.

Herói captura princesa pelas tranças, apesar das lágrimas e súplicas desta.

O czar dela se enamora; a princesa só aceita em casar com o consentimento da lua e do sol, e se achar o anel perdido no fundo do mar.

Czar ordena a Vanka que parta para tarefas impossíveis. Czar cruelmente ameaça o herói.

Herói encontra uma enorme baleia jazendo, coberta de cultivos em seu dorso, condenada à imobilidade.

Animal troca favores com Vanka; Vanka consegue perdão para a baleia e consegue libertá-la, sem deixar morrer os camponeses que habitavam em seu dorso. [Cenário fantástico.] Baleia parte para buscar o anel que está num cofrinho. Só o peixe espinhoso sabe onde ele está; mostra-se a hierarquia dos peixes, cardumes de arenques; baleia consegue o prometido – dá ao herói o cofrezinho.

Czar insiste em casar com a princesa; esta propõe que ele se rescalde em leite para rejuvenescer. Dá-se a prova ou o ordálio. Czar faz a prova com Vanka: Czar sai cozido, Vanka são e belo.

Seguem-se as bodas e todo o povo é obsequiado.

O Cavalinho Corcunda passa a ser amigo e conselheiro, (portanto não se elide o sobrenatural). Há justiça social, reina a felicidade e vem a prole para garantir a paz.

Em relação a uma possível matriz virtual, o poema de Ierchóv reúne os fragmentos de vários contos deste tipo e revela grande artesania e inventiva; quanto aos códigos secundários – o verso de Ierchóv é, ao que pude seguir, em sua tradução para o português, sutil, cheio de detalhes, carregado de minúcias, trazendo uma perfeita construção de diálogos e cenas, regionalizados com situações, como mau tempo, aves, feno, sempre detalhado e próprio. A adaptação em prosa de Dulce Cordeiro já elide estes detalhes mas mantém uma grande força e enfatiza a finalidade das situações aí presentes.

A volta ao verso pelo nosso poeta popular, implica redução, síntese, até pelos propósitos e dimensões do folheto e pelos trâmites de uma escolha, que rejeita aquilo que está distante; são introduzidos os valores regionais e próprios do seu repertório cultural. Não se deforma porém o núcleo central de significação, não se altera o arcabouço que leva da busca da pena à deposição dos velhos poderes e à instalação dos novos.

Procurando mostrar no confronto o que se suprime e o que se renova, vemos que no folheto nordestino ocorre o seguinte:

Há uma justificativa, introdutória. Curioso é que o poeta diz que foi buscar o seu "romance fabuloso" na fonte da Poesia, remetendo a sugestão para a força da memória popular, quando, de fato, ele parece ter encontrado a história no texto em prosa difundido em português. Passa em seguida a narração:

Nos confins do horizonte
Em uma aldeia habitava
Um velho pai de três filhos
que tudo junto morava
Em união santa e pura
assim Deus determinava
Os nomes dos três filhos
– O mais velho Severino,

O segundo João, o terceiro Alexandrino
destemido para tudo
que lhe mandava o destino.

O velho agricultor trabalhava todo o ano para arranjar o seu pão cotidiano. Há toda uma precipitação dos acontecimentos, como se verá na leitura do folheto transcrito.

O czar é substituído pelo rei, sempre presente nos contos populares.

Retira-se a situação da Baleia imóvel e chega-se, por imposição do ritmo, da receptividade do texto poético e pelas suas dimensões e custos de papel a impressão, a uma espécie de resumo.

O poeta captou os detalhes de maior interesse, reuniu-os e enfeixou-os dentro dos limites do seu universo, inserindo-os no conjunto mitológico, que é parte indispensável de sua cultura e do conhecimento dos seus ouvintes-leitores.

Estão presentes no *Cavalinho Corcunda* e na *Princesa Maricruz* a mesma concepção de mundo. Neles se evidencia a presença de situações afins, a idêntica configuração dos protagonistas. Em ambos está descrita, em realce e preciosamente, a *égua* dourada que o herói acreditava ser o responsável pelo estrago da plantação, sendo que, no folheto, a captura do animal é mais prática. Subtrai-se a prova de domá-lo conduzindo-se de forma sintética à sequência:

e disse: das minhas mãos
Você nunca sai
Para nunca mais acabar
As lavouras de meu pai.

Esta égua, o ajudante mágico é aquele que permite ao herói a expansão de suas qualidades, expressão de sua força e capacidade. Ela oferece ao rapaz três cavalos, sugerindo que ele os venda por bons preços, à exceção do *Cavalinho Corcunda*, que no folheto se chama *Corcundo*.

O conto popular e o folheto manifestam índices que formam um quadro nem sempre fácil de esclarecer. Convive, muitas vezes, a referência do grupo social presente com instituições passadas.

Estará profundamente equivocado quem quiser interpretar os índices, os fatos presentes sem mediações, e sem perceber que as categorias do imaginário têm o seu próprio arranjo e ordem.

O que se tem de levar em conta é o sentido desta ou daquela escolha, da incorporação de todo um bloco narrativo, por exemplo. Manifesta-se o conflito entre a sociedade e a indefinição de alguns de seus aspectos, de mutação e desconcerto. Se o fato se desenrola, por exemplo, num estado que revela uma aproximação com o mundo feudal, está presente o indício de uma adequação do repertório capitalista. Assim, as preocupações por salário e emprego convivem com a relação vassalo-suserano que se apoia na proteção senhorial, dádivas etc. Há uma constante migração da instituição existente para aquela herdada dentro do bloco mítico, através do conto, e que confirma naquele presente o convívio agônico. As afinidades e proximidades entre mito e vida se vão fazendo, umas vezes contraditórias, outras só aparentemente. Há ocasiões em que se arranjam nos relatos fundamentação econômica do grupo que adapta e transmite, e consequentemente recebe o conto[29].

Neste folheto, assim fala o rei ao seu vassalo:

Obedecendo a estas ordens
terás um bom pagamento (PM, p. 13).

É que este se empregara para tratar dos animais. Aliás, nesta produção de literatura popular é muito significativa a menção a emprego e ordenado. Ser empregado com um bom ordenado é ganhar o estatuto de herói. O acerto ou combinação entre ele e o ajudante mágico se chama de "negócio", embora o animal o trate por "meu amo".

29. Karl Marx, *Formações Econômicas Pré-capitalistas*, São Paulo, Paz e Terra, 1986.

Um dado interessante é o de que, ao receber do ajudante mágico os cavalos como presente, o rapaz vai vendê-los por necessidade e, ao beneficiar-se da venda, trata de proteger irmãos e pais.

Alguns pontos dos dois textos em português, a versão em prosa e o folheto, merecem aqui um confronto especial. Assim, a localização da história aparece obedecendo a fórmulas semelhantes:

Nos confins do horizonte
Em uma *aldeia* habitava um *velho pai de três filhos*
que tudo junto morava
Em união Santa Pura
Assim Deus determinava (pm, p. 1).

E:

[...] muito para lá dos montes, dos vales e dos vastos mares, sobre a terra e em frente ao céu, vivia em uma *aldeia um velhinho* (cc, p. 24),

enquanto, por exemplo, a história do *Pássaro de Fogo* contada por Afanássiev recorre à fórmula:

[...] em certo reino, em certo estado vivia um czar de nome Vslav Andronovic. Ele tinha três filhos. O primeiro era Dimitry, e segundo o Príncipe Vasily e o terceiro, o Príncipe Ivan, sendo que o mais jovem era o mais esperto (pm, p. 3).

No folheto, o velho se chama Mariano e os três filhos são Severino, João e Alexandrino, sendo que o caçula "era destemido para tudo o que lhe mandava o destino", opção nítida pelo herói, corporificado no filho caçula.

Vai haver aí uma discrepância em relação à fábula do *Cavalinho Corcunda*, em sua versão russa, e na adaptação brasileira. Ali o velhinho tinha três filhos, sendo que o mais velho era muito inteligente, o segundo assim assim... o terceiro bobo, ao menos todo mundo assim julgava, e até chegavam a chamá-lo de Vanka, o imbecil (CC, p. 24). Tem-se aqui então a eleição popular do herói estúpido, tão frequente no conto popular russo, presente na tradição europeia e também naquela dos folhetos, o João Bobo.

Nos textos em que aparece o *Cavalinho Corcunda*, o pai é agricultor e juntamente com os filhos arranjava o pão cotidiano. O mais novo dos filhos deveria ficar desperto para *tocaiar o bicho*, que estava estragando a safra do pai (PM) ou o velho descobrira que lhe estavam pisando a sementeira (CC). Há toda uma incorporação de rotina e de vida prática, ligada ao estereótipo habitual da vigília, estando presentes as referências ao mundo rural e à vida agrícola em seu andamento, cultivar, vender o trigo, necessidades básicas que vão comandando toda a trama. Naquele outro relato do *Pássaro de Fogo* (PF), no entanto, assim se descreve: "o jardim era belo, os frutos de ouro [conforme os mitos mais antigos] estando sempre em causa o capricho do czar, a maravilha e o esplendor do jardim".

Quando Ivan, o filho mais moço, se propõe a partir para resgatar o pássaro, o pai-czar lamenta a sua própria solidão, pensa em guerras, sublevação de populações etc.

A que distância estão os dois universos!

Vê-se como, apesar do recurso aos componentes maravilhosos habituais do conto popular, a relação econômica e a vida prática ditam o encaminhamento da fantasia, a recuperação do mito sugere opções, neste mundo encantado do folheto brasileiro, assim como no conto de Ierchóv de onde proveio.

Num estudo sobre a tradição oral na África, diz-nos Honorat Aguessy[30] que, no caso em que convivem o plano mítico e a sociedade presente, a indagação será: O que é que no plano mítico interessa à salvação presente? Ele nos diz que "o mito não é um falso discur-

---

30. Honorat Aguessy, "Visões e Percepções Tradicionais", em Alpha Sow *et al.*, *Introdução à Cultura Africana*, Lisboa, Edições 70, 1980.

so enganador mas é o discurso fundamental em que baseiam todas as justificativas da ordem e da contraordem sociais". Mas permanecerá também na medida em que interesse aos ouvintes e leitores.

O livro popular trata de agir diretamente sob esta procura, menos intermediada, em que o oral está mais perto, o leitor ouvinte mais presente.

Aqui o conceito de produção sob comando ou de encomenda de Roman Jakobson se justifica plenamente. É muito curioso no livro popular a questão de se querer ler aquilo que já se sabe, espécie de confirmação em que o *livro*, o *texto*, o *produto* conferem uma certa estabilidade emocional a quem nele se apóia.

Partindo da conhecida afirmação de Propp de que todos os contos maravilhosos pertencem ao mesmo tipo quanto à estrutura, é de se constatar que nesta série todos os relatos conservam um traço fundamental: partem de uma situação de *busca* ou *penúria*, que dão lugar à procura análoga que segue ao desastre. Assim o herói é um buscador. Qualquer que seja o trânsito e o nível da adaptação feita, e o que venha a ser a consequente performatização, este núcleo não pode faltar.

No *Cavalinho Corcunda* realiza-se a sucessão prevista e o detonador da ação heroica é justamente a procura da pena do pássaro. Seguindo ainda o mestre russo, para acompanhar a relação entre o desempenho e a criação possível, o caminho entre o "modelo" e as criações que partem dele não é possível perder de vista o jogo permanente entre o cerceamento matricial e liberdade de criação. Não podemos deixar então de estar despertos para um certo esquematismo que tenta captar uma infinitude de operações, para a boa mobilidade dos textos, em contínuo "polimento".

Foi por isso que ficou demarcada toda uma série de situações em que o contador – e aqui vale dizer que o poeta ou o narrador – é livre para criar, estabelecendo aquelas às quais não pode fugir. O habitual, conforme nos diz, é que o criador invente raramente, mas que some da realidade que o cerca a matéria das inovações que aplica ao conto, e que segundo a hierarquia proposta por Lotman[31] vai mesmo se constituir no domínio dos códigos secundários.

Por sua vez, não dá para esquecer o quanto o "contador/narrador poeta" é livre na escolha dos meios que lhe oferece a língua e ainda mais a conjunção das linguagens, inclusive a gestual e a situação de performance. A construção do conto, trate-se do conto popular por destino ou da construção de um poema de Ierchóv, apontam ambos para fronteiras, regiões de confronto entre linguagens, para a sucessão de versões que contemplam vários segmentos e séries culturais.

Aliás, diz-nos Roman Jakobson, em seu precioso trabalho sobre as *fairy tale* russas[32] que o conto popular russo recriado por escrito sempre esteve nestes limites, nestas bordas de um a outro universo cultural que termina fundindo-se nele.

Concentrando a observação na organização verbal, vemos que os predicados refletem a estrutura do conto, e todos os sujeitos, complementos e outras partes definem o assunto. Dito de outro modo e ainda seguindo Propp, constatamos que o mesmo pode estar na base de assuntos diferentes.

No entanto, para apreender o que se repete e ou reinventa, para poder alcançar as conexões entre o que é vindo de longe e o improvisado, aquilo que traz o selo do conto tradicional, no sentido de uma tradição mais antiga (mesmo para quem não deseje imergir no comparativismo do século xix, ou caminhar por uma localização etnológica mais estreita) é indispensável recorrer aos catálogos de contos, e entre eles o de Aarne & Thompson. Aí então, se acompanharmos os motivos (que se poderiam melhor chamar-se de temas), vemos como eles nos vão dando ao mesmo tempo o bastidor da fá-

---

31. Iuri Lotman e Boris Uspenski, *Tipologia della Cultura*, Milano, Bompiani, 1975; Boris Schnaiderman (org.), "Sobre o Problema da Tipologia da Cultura", *Semiótica Russa*, 2. ed., São Paulo, Perspectiva, 2010. Cf. ainda Iuri Lotman, *Universe of the Mind*, London, Taurus, 1990.

32. Cf. Prefácio de Roman Jakobson para *Russian Fairy Tales*, New York, Pantheon Books, 1975. Ver também *Selected Writings* iv, Paris, Mouton, 1966.

bula tanto do Cavalinho de Ierchóv como da nossa Princesa nordestina. Percebemos que o motivo (Aath n. 513-514)[33] ocupa grande parte do relato deste cavalinho corcunda. Trata-se de *Os Ajudantes Mágicos*, e em especial o Cavalo ajudante. Aproximam-se o pássaro, o cavalo e a princesa, incluindo a procura do pássaro maravilhoso. Já o (M 550) nos diz que com a ajuda do animal (raposa-lobo), o irmão mais novo consegue a façanha de aprisionar o pássaro. A princesa procura então pelo pai de seu filho. Ora, isto vai coincidir exatamente com a estória do *Pássaro de Fogo*, na versão recolhida por Afanássiev[34] e numa adaptação do conto popular tcheco, em história infantil, difundida no Brasil pelas editoras referidas.

Encontramos ainda no índice de Thompson:

i. *O objetivo da busca* – um pássaro rouba as maçãs douradas do rei e deixa cair à noite a pena dourada (H.1471 e 1213). O rei ordena uma busca para o pássaro/(H.1331.1). Um rei doente (cego) ordena a busca da poção mágica (H.1324, D.1240) ou a água da juventude (H.1322, D. 1248, D.1388).

ii. *Os três filhos do Rei (ou do Czar) saem em busca* – Os dois mais velhos são maus para os animais (velhos, gnomos ou duendes) que eles encontram e por isso falham. Mas o terceiro é bom (L.13) e recebe a ajuda dos animais (Q.2).

iii. *Sucesso da Busca* – O herói alcança a árvore do pássaro dourado mas só encontrará o pássaro depois de buscas posteriores. Nestas ele recebe: um cavalo mágico e uma princesa, (B.180) e os leva com o pássaro mágico para casa, ou com a ajuda de animais amigos (B.560) e pessoas e o herói alcança um jardim mágico (D.960) onde ele vê uma princesa adormecida. Deita com

---

33. As siglas AaTh correspondem aos temas e motivos no *The Types of the Folk-Tale* (1928) de Antti/Aarne. As que seguem se referem ao *Motif-Index of Folk-Literature* (1956) de Stith/Thompson, 6 vols. Cf. ainda o *Catálogo do Conto Popular Brasileiro*, de Bráulio do Nascimento (Rio de Janeiro, Tempo Brasileiro, IBEC, 2005).

34. *Les Contes Populaires Russes*, Paris, Maisonneuve & Larose, 1988.

ela e na sua partida escreve seu nome para ela (H.152.2). Garante o elixir da vida (juventude/ e volta para casa).

IV. *O Episódio dos irmãos traidores* – O irmão mais velho do herói ataca-o e o joga num poço, como ocorre frequentemente no conto popular e no nosso conhecido folheto *Juvenal e o Dragão*[35].

No plano mítico termina-se por recuperar traços da sociedade no seu próprio conflito, em seus aspectos de mutação e impasse. Ao ritmo do relato, sob a estrutura herdada, constrói-se uma história que é o seu próprio narrar, junção de vários tempos, presença de plausíveis e impossíveis, conciliação de coisas depositadas, de sedimentos arqueológicos com as imposições do tempo presente vivido e reinterpretado. Tudo isto é trabalhado sempre em nova linguagem cada vez que um poeta popular retoma a malha do coletivo, o grande depósito da memória que se perde nos tempos, e se mantém nas letras ou nas escutas, alternadas e sucessivas.

A história do *Cavalinho Corcunda* de Ierchóv segue o modelo daquelas recolhidas por Afanássiev, mas aproveita também outros elementos do mega texto mítico, em sua virtualidade, enriquecendo-o de sentido e ampliando seu alcance.

---

35. Leandro Gomes de Barros, *Juvenal e o Dragão*, São Paulo, Luzeiro, s.d.

2

PÚSCHKIN NO SERTÃO

Vamos percorrendo alguns livrinhos da nossa incrível literatura de folhetos conhecida como literatura de cordel, e que nos trazem, em verso, belas histórias de encantamento, de princesas e príncipes, de incríveis heroísmos pedindo relatos, questionando nossas concepções de tempo e espaço.

Estes folhetos nos conduzem também ao conto oral, expressão – a mais antiga que se possa imaginar – que reúne temas, situações, aproximando os pontos mais distantes do universo e ajustando afinidades.

A ação narrativa dos contos orais vem de muito longe e, como por milagre, se perpetua e se transforma na memória das comunidades tradicionais. Poderíamos até dizer que permanece viva na memória dos povos, multiplicando-se em vários espaços/tempos, recriando-se e fazendo-se alimentar de muitos detalhes e de concretas adaptações.

Colocar-se diante dessas histórias ancestrais é enfrentar muitos mistérios, no que toca à persistência de situações e às poéticas do mito[1], passando a observar como elas se compatibilizam ou excluem.

Estudiosos vêm tentando, desde aqueles que se dedicaram às mitologias comparadas nos séculos passados, os que se ocuparam

---

1. Conforme concepção de Eleazar Meletínski. Cf. *Poética do Mito*, trad. Paulo Bezerra, Rio de Janeiro, Forense-Universitária, 1989.

da organização dos mais variados catálogos comparativos até hoje, para acompanhar e perseguir a grande rede narrativa do conto popular e seus processos. Assim, o famoso *Índice de Motivos* de Aarne & Thompson[2], imprescindível para quem se aventura no acompanhamento dos repertórios, elenco de temas e situações narrativas desses textos da tradição oral. Depois viria a classificação em sistemas, programas, funções, como é o caso da famosa *Morfologia* de Vladimir Propp[3], observação sincrônica de um conjunto de cem contos populares, a partir da recolha de *Contos Populares Russos* de Aleksander Afanássiev[4]. Esta obra de Propp seria depois completada sob a perspectiva diacrônica em *Raízes Históricas do Conto Maravilhoso*[5], publicada muitos anos depois.

De qualquer modo, estamos frente à repetição de velhos e reconhecidos temas, de conjuntos ou de segmentos que permaneceram. Pensando na escolha dos poetas e públicos populares, indagamos o que fez com que ficassem ancorados no território de determinado grupo social, impregnando-se de referências culturais.

O semioticista Iuri Lotman[6] (aliás, notável conhecedor da obra de Púschkin) nos aponta para os mecanismos daquilo que permanece e de como permanece nas recriações, a partir de sistemas de códigos primários e secundários. Ele considera a existência de códigos fortes ou fracos que garantem o que persiste, se adapta ou o que se elimina, quando da transformação de um a outro relato tradicional.

Podemos avaliar o que acontece nos sucessivos textos, em muitas transmissões e, a perder de vista, conforme adaptação a outros códigos culturais.

---

2. Anti Aarne e Stith Thompson, *Motif-Index of Folk-Literature*, Bloomington, Indianapolis, University Press, 1955.
3. *Morfologia do Conto Maravilhoso*, trad. Jasna Paravich Sarhan, Rio de Janeiro, Forense-Universtiária, 1984.
4. A. Afanássiev, *Les Contes Populaires Russes*, Paris, Maisonneuve & Larose, 1988, 2 vols.
5. *Raízes Históricas do Conto Maravilhoso*, trad. Paulo Bezerra e Rosemary Costhek Abílio, São Paulo, Martins Fontes, 1997.
6. Boris Schnaiderman (org.), *Semiótica Russa*, São Paulo, Perspectiva, 1979.

Mas conservando ou perdendo, compatibilizando ou descartando, encontram-se tópicos e situações que se repetem sempre, e formam uma espécie de grande texto sem fim, a atualizar-se num ou noutro ponto, espaço ou situação.

Eis-nos frente a uma grande viagem, diante de uma história de encantamento-tradicional narrada (que em russo se diz *skaski*) e que vai aparecer, em pleno Nordeste do Brasil, na segunda metade do século xx, em letra e voz. Ela recebe um título, no mínimo estranho, como tantos outros que falam de princesas, de príncipes e de situações de encantamento. É assim que aparece bem entrosada no conjunto de nossa literatura de folhetos.

O Romance do Príncipe Guidon e o Cisne Branco[7], de autoria de Severino Milanês da Silva, poderia nos remeter a todo um conjunto dessas histórias recriadas em fragmentos de memória ou seguindo diversas aglutinações e colagens textuais de várias proveniências.

Mas no mar de histórias versadas por nossos poetas populares, o que tem essa de especial? Somos atraídos, de início, pelo fato de ela começar assim:

Num país da Rússia Branca
Um dia pela manhã...
Via-se um grande palácio
Construído a talismã
Pois era o reinado
Do grande Cesar Saltã.

Ao seguir-se a leitura ou a escuta e mesmo a leitura/escuta (porque estes folhetos são feitos para serem lidos e ouvidos), vemos tratar-se claramente de uma recriação direta de um conhecido poema

---

7. O folheto foi editado em Juazeiro/CE, em 7.10.1974. Editoras proprietárias: Filhas de José Bernardo da Silva (Col. Roberto Benjamin).

russo, e intuímos a existência de uma espécie de contratexto bem direto que garante sentidos e procedimentos.

Que poema seria este, e por que, concretamente, aparece em nossa literatura de folhetos? Quais teriam sido as razões a nortearem as escolhas?

Descobrimos então ser este um dos poemas compostos por A. S. Púschkin[8], o legendário poeta russo, morto tragicamente em duelo, em meados do século XIX, portanto nos começos e afirmação da literatura russa moderna.

Trata-se do *Conto sobre o Czar Saltan, o seu filho, o Glorioso e Poderoso Príncipe Guidon Saltanóvich e a Formosa Princesa Cisne*[9]. Continuaríamos porém a nos indagar, como foi isso possível?

Passamos a saber que a história encontrada no folheto brasileiro é mesmo a do *Czar Saltan* e que este foi escrito no verão de 1831, durante a lua de mel de Púschkin em Tzárskoie Sieló, com base nas anotações que ele tinha feito em 1824, a partir de escuta viva. Estas anotações existem em publicação da Academia de Ciências da URSS[10] e exibem uma profusão de materiais que justificariam, em outro lugar, todo um trabalho comparativo, no que toca aos processos de composição, e nos mostram a amplitude do que foi anotado. O poeta conseguiu pôr em verso as histórias, seguindo de perto os enredos originais do conto oral, e transformando-os de acordo com os vários graus de elaboração métrica, vindo a criar um gênero novo que repercutiria em tantos lugares da criação: no teatro, na ópera, nas artes visuais.

É sabido que Púschkin, bem como outros autores de seu tempo, tinha grande domínio, desde a infância, desse universo da oralidade tradicional.

---

8. D. S. Mirsky, *A History of Russian Literature from its Beginnings to 1900*, New York, Vintage Books, 1958.
9. *Obras Completas de Púschkin* em 10 vols., vol. IV, ed. da Academia de Ciências da URSS. Moscou, 1957.
10. *Idem, ibidem.*

Contava, além disso, com a tradição romântica da valorização das coisas do povo e o comprometimento com o universo popular, por parte da literatura russa que se confirmava, em seu tempo. Dizem até que possuidor de memória tenaz entrava em disputa com o poeta Jukóvski para ver quem versificava mais a partir das matrizes tradicionais[11].

O fato é que, durante o período em que esteve confinado por motivos políticos, e sob a responsabilidade tutelar de seu pai em Miháilovskoie, em contato com a sua velha ama Arina Rodiônovna, pôde perceber todo o potencial destas histórias narradas (*skaski*), embrenhar-se nos territórios do conto maravilhoso, uma modalidade do conto popular, contendo elementos de aventura, contando com a intervenção do sobrenatural, localizando cavaleiros, camponeses e encantadores, outras personagens e situações fabulosas[12]. Segundo apontam os vários estudiosos, com maior ou menor grau de fantasia, Arina teria feito de Púschkin, desde menino, o escolhido para a transferência de seu universo mágico-narrativo[13]. A prosa era o veículo dessas histórias, muitas vezes dramatizadas no universo do povo, permeadas dos elementos formulares comuns a toda história do tipo *era uma vez... e* marcadas por seus ritmos próprios.

Púschkin escreveu, entre 1830 e 1834, cinco *skaski*, consideradas como suas melhores realizações[14]. São elas: *A História do Pope e Seu Servo Balda, A História do Czar Saltan, A História do Pescador e o Peixinho, A História da Princesa Morta e dos Sete Heróis e o Galo de Ouro*, esta última, trazendo a marca dos *Contos do Alhambra* por Washington Irving, e nelas exercitou uma grande variedade de me-

---

11. Victor de Gérard, "The Folk Tales of Pushkin", *Centennial Essays for Pushkin*, New York, Russell & Russell, s.d.

12. No Brasil, o romancista José Lins do Rego soube colocar em prosa, de forma sensível, as histórias que também lhe contara no Engenho a velha Totônia. Cf. *Histórias da Velha Totônia*, Rio de Janeiro, José Olympio, 1999.

13. Alexander Púshkin, *Collected Narrative and Lyrical Poetry*, Edited and translated by Walter Arndt, Michigan, 1989, 471 p.

14. A. D. Briggs, *Alexander Pushkin a Critical Study*, London & Camberra, Croom Helm, 1983.

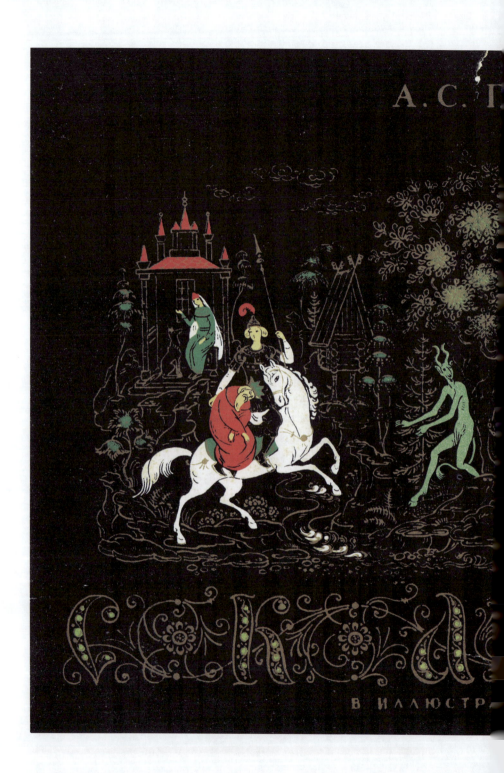

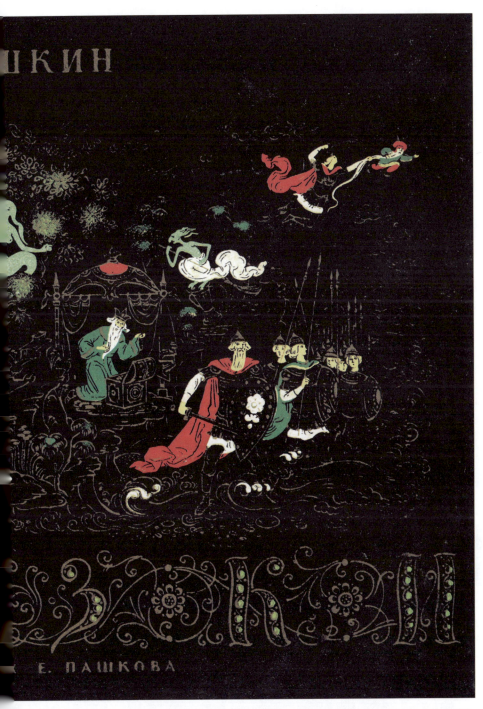

O Czar Saltar, gravura à maneira das caixas de Palek.

tros. Tanto o *Czar Saltan* como o *Galo de Ouro* transpõem a fábula para tetrâmetros trocaicos rimados, de uma graça estilizada e típica do autor. Há aí todo um domínio que vai da história de encantamento, em situação de oralidade, à dramatização do teatro de bonecos, onde ocorre a combinação de detalhes sucintos, misturando elementos regionais a europeus, em geral, e até poderíamos falar mais amplamente da tradição de toda uma herança indo-europeia. Nessas harmoniosas permutações, encontraríamos um movimento que pode lembrar uma suíte de dança em verso[15].

É preciso seguir uma espécie de desenho da narrativa, e uma perspectiva que é a da forma poética da *skaska* que o autor assume como uma de suas inovações.

Em geral, ao se falar desse tema, alude-se também à minúcia graciosa e cheia de luz, remissão às belas caixas pintadas de Palekh, de que ainda guardamos exemplares e que continuam a ser miniaturizadas na Rússia[16].

Em seu entusiasmo, alguns estudiosos do poeta afirmam que *O Czar Saltan* é o mais universalmente humano dos textos de Púschkin, e consideram esta peça uma das obras-primas da literatura russa.

A experiência terá sido responsável pela voga de uma nova modalidade, em que o verso é levado à sua mais alta e sonora elaboração. Em que ao relato miraculoso do nascimento do Príncipe Guidon se acresce a aventura da viagem, a descrição e a contemplação das cidades e apresentação de grupos de guerreiros (Bogatyrs) ou paladinos. E até poderíamos dizer que estas presenças funcionam, no gênero, como uma mediação entre o relato mítico e o *epos*[17].

---

15. D. S. Mirsky, *A History of Russian Literature: From Its Beginnings to 1900*, New York, Haskell, 1974.

16. A. S. Púschkin, *Skáski v iliustrátziakh I. Pachkova (Contos com Ilustrações de I. Pachkóv)*, Leningrado, Khudójnik (Editora O Artista), 1962. Cf. ainda: M. A. Nekrasova, *The Palekh Miniature*, Lenigrad, 1978; *Palekh: A Russian Fairy Tale – From Icon to Lacquer Miniature*, em Catalogue on the occasion of the exhibition 'Palekh, a Russian Fairy Tale'. De Nieuwe Kerk Amsterdam, September 1996.

17. Roman Jakobson, *Retrospect. Selected Writings IV*, Mouton & Cia, The Hagne, Paris, 1966.

Mas quem narrou? E quem recriou?

É bom prestar a atenção ao seguinte: a velha ama e narradora colocou para o poeta a história de forma oral, usando os atributos de um relato que pode ter a idade do mundo e, na qualidade de boa contadora, terá introduzido todo um aparato gestual, suas maneiras campesinas de dizer, de contar, sua concepção de mundo.

Ao ouvir, e colocar em verso, o poeta recorta e dá proporções, fazendo a escrita responder por muitos requintes e experimentações com a poesia. Portanto, ao escutar e anotar (lembremos que a transcrição era a única ferramenta) ele traduz para a sua linguagem e mais, versifica primorosamente, para dar conta das sonoridades, dos ritmos e da capacidade de evocar todo um conjunto de memória capaz de aí reunir voz, poesia e mito. E o resultado é um poema, considerado sempre notável por todos que o leram.

Ao analisar-se o processo pelo qual Púschkin recria o conto popular em seus poemas, contamos com a introdução do humor nessas histórias. Realmente, no caso do conto do *Czar Saltan*, em meio a todas as peripécias do mundo encantado, entre transgressões temporais, cavaleiros armados e façanhas mágicas, há a graça e a situação cômica da vingança, por exemplo, da abelhinha na qual o herói se transformara, dando ferroadas nas tias más, uma delas vesga. Podemos ver nesta versão de Púschkin, tão exemplarmente sofisticada, o tom popular como um procedimento não descartado. Prevalece o seu sugerido realismo. Neste e em outros casos da criação do poema versificado, a partir do texto da tradição oral, forma-se uma espécie de laboratório vivo em que intervêm o conjunto da tradição, o legado de uma antiquíssima memória e todo um jogo de inserção nas séries literárias e no conjunto de sua própria obra.

O oral e o visual vão se completando, e poderíamos dizer até que há mais visualidade em termos de representação neste texto oralizado do que no impresso que se leia. E há também uma noção de que o significante icônico se constrói como um texto em que há uma

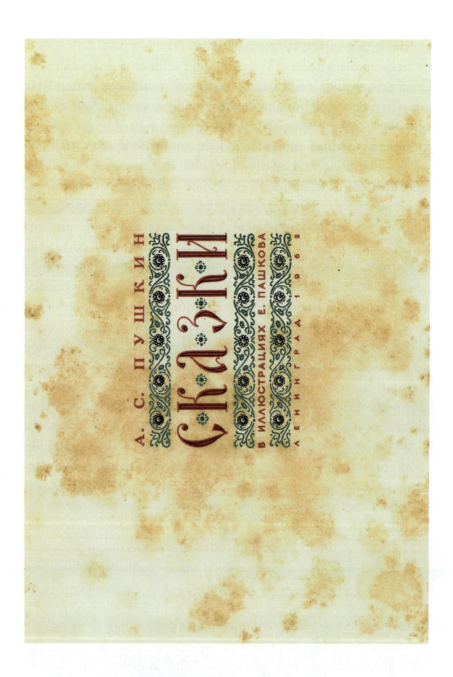

Folha de rosto do livro russo das narrativas *Skaski*, de Púschkin.

espécie de poder figural, responsável pela transformação do relato em imagens vivas.

Sobre a visualidade dos poemas de Púschkin, encontramos, ao longo da obra de Serguei Eisenstein[18], referências entusiasmadas ao aspecto cinematográfico da obra do poeta. Ele chega a dizer que os cineastas deviam aprender com Púschkin a distribuição dos planos, a relação entre imagem e ritmo, a captação das características de uma pessoa através de sua imagem. No famoso ensaio, ele se detém particularmente na apresentação de Pedro, o Grande, por Púschkin.

Em notável trabalho sobre atos mágicos, ritos e crenças na Rússia subcarpática, aponta Bogatyrev[19] ainda para a existência de uma organização viva das coisas e que transparece sempre.

Mas quem foi que editou este poema? E como se deu esta transferência que nos alcançou?

O *Czar Saltan* faz parte de uma coletânea, publicada na Rússia em 1832. Uma vez famoso, o poema vai receber muitas traduções, adaptações, passando por várias línguas, acrescentando elementos, omitindo outros, pelas concepções gráficas as mais diferentes, pelas relações de texto e ilustração, que vão fixar a imagem do Príncipe Guidon e de sua Princesa Cisne.

Assim continuou a ser transmitido e recriado, em inglês, em francês, espanhol, italiano e em tantas línguas do mundo, como se poderá aqui acompanhar, nesta recolha não exaustiva, mas que aponta para uma rede de traduções e adaptações que enfeitam ou simplificam, suprimem ou acrescentam referências culturais.

As editoras populares com suas seleções – edições de histórias infantis, de contos de fadas – vão ser os canais próprios para conduzir e reunir afinidades que se completam, de acordo com prefe-

---

18. Cf. *Montaj* (1938), em Sierguei Eisenstein, *Ízbranie proizviediênia*, vol. 6 tomákh, t. 2 (*Obras Escolhidas* em 6 vols., vol. 2, Moscou, Ed. Iskústvo, Arte, 1964).

19. Piotr Bogatyrev, *Rites et croyances dans la Russie subcarpathique*, Paris, Champion, 1929.

rências de públicos que se renovam. Estamos diante de um circuito sem fim, não havendo razões para se procurar estabelecer limites.

Mas como já anunciamos, tudo isto vai aparecer no Sertão. Onde teria conseguido o poeta de cordel ter acesso a este poema de Púschkin, e que afinidades o levaram a ele?

Para que tivéssemos uma ideia clara, faltava localizar o texto da adaptação em português, no Brasil, e foi assim que, acompanhando as séries *Os Mais Belos Contos de Fadas Russos*[20], deparamos com a fluente tradução e a adaptação para leitores infantis de Dulce Cordeiro[21].

Sabemos que os nossos poetas populares costumavam abastecer seus registros de oral/escrito a partir da consulta a alguns textos a que tinham acesso nas raras bibliotecas que conheciam ou nos poucos livros que possuíam, e alguns textos eram sempre consultados e recriados por eles. Coleções como *Histórias da Carochinha e da Baratinha, O Tesouro da Juventude*, edições das *Mil e Uma Noites*, além de coletâneas diversas faziam parte de seu repertório.

A memória, como sabemos, não é uma coisa despótica e que se guarda em si mesma e só no corpo. A memória impressa acompanha o texto oral, misturando-se em seus caminhos. Ao serem recriados e difundidos, estes funcionavam como uma espécie de "ajuda-memória", conseguiam trazer à tona aquilo que, de algum modo, estava lá à espera de oportunidade.

Então o poeta, como se já pressentisse o relato, situações parecidas a partir do antigo conto oral, tão presente e vivo, em sua região e comunidade, se inspira na adaptação, constando da coletânea popularizante e trata de transformá-lo, à sua maneira. Procede assim a uma espécie de disrupção entre o individual e o coletivo.

20. Jerusa Pires Ferreira, "Matrizes Impressas da Oralidade", em Zilá Bernd e Jacques Migozzi (orgs.), *Fronteiras do Literário*, Porto Alegre, Editora da Universidade/UFRGS, 1995.
21. "O Czar Saltan", em *Os Mais Belos Contos de Fadas Russos*, 5. ed., tradução e adaptação de Dulce Cordeiro, Rio de Janeiro, Vecchi Ltda. Primeira série. Ilustrações de Ramón Hespanha.

Ilustração do livro *Os Mais Belos Contos de Fadas Russos*, Vecchi, Rio de Janeiro.

No caso do *Czar Saltan*, se pensarmos bem, vamos ver que estamos diante da velha história milenar que passou de boca em boca, até merecer abrigo na memória, no corpo e na voz da velha ama, e também na memória possível de sua comunidade, passando depois pela elaborada criação do poeta Púschkin, e pelas posteriores traduções e adaptações em prosa e, no Brasil, como aquela bem feita por Dulce Cordeiro para a editora Vecchi.

Cumprindo o seu papel de editora, que tem um projeto de popularização de textos clássicos, algo como os "clássicos mais populares", inscreve-se a necessidade de veicular tais histórias, que se colocarão em sucessivas leituras, nas múltiplas edições.

A editora Vecchi, bem como a Quaresma, seguindo o caminho de editoras de larga circulação portuguesas e europeias, em geral, vai fazendo passar um conjunto de histórias que são chamadas de fadas e de princesas, que abarcam tanto o mundo popular quanto o

OS MAIS BELOS CONTOS DE FADAS RUSSOS

PRIMEIRA SÉRIE

Ilustrações de
Ramón Hespanha

5.ª edição

CASA EDITÔRA VECCHI LTDA.
Rua do Resende, 144 — Rio de Janeiro

Folha de rosto de Os Mais Belos Contos de Fadas Russos pela editora Vecchi, Rio de Janeiro.

de diversos públicos, inclusive e principalmente os visados infanto-juvenis dos circuitos correntes.

A série *Contos de Fadas* segue veiculando histórias (*folktales*) de diversa procedência: francesas, inglesas, alemãs, russas, checas etc.[22]. Ora, esta série torna-se uma espécie de matriz contínua para a construção de novos textos.

É preciso estar atento, a partir daí, para a produção de oralidades que, em suas diversas transmissões, vão inaugurando sempre uma nova forma como que pedindo atenção para o papel das matrizes impressas, revivificantes de poesias populares do mundo e que, em si próprias, carregam os pressupostos do contar, exercendo uma atuação centrípeta na organização dos conjuntos narrativos.

Os tons de transmissão oral seriam, em parte, na adaptação da Vecchi, definidores do ponto de vista visual, das chamadas gráficas, das ilustrações, de vários aspectos enfaticamente essenciais para a apresentação do texto da história. Assim, em algumas cenas em que se representam o Príncipe Guidon, o Czar Saltan, o Cisne – depois transformado em princesa-cisne, o mar, o navio, as nuvens etc.

Numa cena destas: "O príncipe caiu aos pés da princesa, beijando-lhe as fímbrias das vestes", dá-se a representação sintética daquilo que vê o czar. Monta-se uma espécie de maquineta mítica, quase um brinquedo mecânico (que aliás se repete nas várias versões), em que o visual prepondera: o esquilo sob o pinheiro, em sua casinha de cristal descascava avelãs de ouro e de esmeralda, ou a manutenção de visualidade intensa, na cena que descreve o príncipe, ao se levantar, vendo uma cidade:

Quando abriu os olhos, ao despontar a aurora, não pôde deixar de soltar uma exclamação de surpresa, pois algo maravilhoso se erguia diante de seus olhos. No cume de uma colina abrupta, onde ainda na véspera um carvalho

22. Localizado por Marco Aurelio Lucchetti.

estendia sua sombra, erguia-se uma cidade com seus muros cheios de ameias, suas torres de marfim, os zimbórios dourados de seus palácios e suas esbeltas torres que pareciam tocar o céu...

A partir de um estudo de Aaron Gurévitch[23] vemos confirmarem-se como oponentes: a individualização e a tipização, a irredutível oposição entre o sublime (alto) e o vil (baixo), o bem absoluto e o mal absoluto, e daí por diante.

Confirma-se toda uma concepção religiosa do espaço, sempre dividido entre as noções de vida e morte, de bem e mal, de santo e de pecador. O sistema de imagens, presente nas várias versões do conto em verso/prosa, participa deste protótipo.

Em suas possibilidades escritas ou orais, quer adquiram esta ou aquela matriz de expressão, está também presente um material semântico de base. O grupo social, o trabalho, a riqueza, a propriedade, a liberdade, o direito, a justiça são, para além de fatos sociais, categorias cósmicas, para lembrar o historiador russo.

Note-se que o tempo, o espaço, a mudança, a causa, o destino, a morte são categorias que fundamentam as razões destas narrativas.

Mas as noções de próximo e distante são inaplicáveis ao relato mítico, uma vez que se dá uma apropriação e reorganização dos espaços nestas circunstâncias, e é aí justamente que vai ser lugar do exercício da matéria poética.

Tempo/espaço indissociáveis desempenham o papel dos atributos do mito e do rito. São penetrados de noções mágicas e inseparáveis de toda uma escala de valores.

Ao comparar este poema no texto de Púschkin àquele mediado por uma adaptação em prosa ou o desenvolvido num folheto popular brasileiro, nos deparamos sempre com a questão de um tempo sociabilizado.

23. *Les Catégories de la Culture Médiévale*, Paris, Gallimard, 1983.

Púschkin recupera naturalmente neste conto oral o sentido simbólico, lida com a organização mítica e a projeta de modo não muito direto para o tempo histórico dos fatos.

O poeta popular lida com a inserção do tempo mítico em sua circunstância social mais diretamente. Porém, o que vai nos interessar, de modo incisivo, é como isto se resolve nos diversos textos poéticos, unidos pela chamada *Czar Saltan*, e, em especial, no do poeta russo e naquele recriado pelo poeta popular brasileiro. Tudo neles se relaciona, tendo a ver com o conflito cósmico e nuclear do bem e do mal. Há aí uma espécie de construção de uma história universal da redenção, uma história que pode ser de proveito e exemplo. No primeiro, porém, a história tem uma distância maior e, ao ser esteticamente recriada, consoante séries literárias, passa a sustentar-se principalmente pela exímia versificação, pela condução da linguagem e dos sentidos visuais, enquanto o outro vai, de certo modo, encurtar distâncias, fazendo incidir sobre o real um tempo maravilhoso. Ele espera, sobretudo, da performance e do escrito/oral a maior eficácia poética.

Seguindo ainda as lições de Aron Gurévitch, constatamos que o espaço e o tempo não têm uma existência objetiva e que na consciência dita primitiva ou mitológica estas categorias só valem enquanto abstrações. O passado, o presente e o futuro estão, por assim dizer, situados num mesmo plano, são simultâneos. A demarcação nítida entre passado, presente e futuro só é possível quando se coloca a noção de irreversibilidade do tempo. Para tempos circulares ou espacializados isto não pode funcionar. De fato, dá-se, neste conto, no poema e no folheto, a condensação onírica do tempo, seguindo vários ritmos, assim como em outros relatos parecidos. E ainda a inscrição de categorias num sistema em que ressai o importante papel do ritual. Daí, o valor e a carga de significação que têm as medidas: "nasceu do comprimento de um archim". Aí também sobressai a importância conferida à natureza, que aparece em toda a sua plenitude e em sua reserva de símbolos. É preciso seguir a diversidade de representações, quando se trata da floresta ou do jardim. O mundo está mesmo aí dividido por transformações radicais.

A história do Czar Saltan constrói um elo entre o mundo possível, o retrato das redes humanas e sociais e o imaginado, que traz seu próprio tempo visionário, corrigindo sempre o dito real pelo viés utópico.

As imagens têm um registro de ir e vir, o texto da história, ao ser narrado, é como se obedecesse a uma rima visual, e a uma rima textual, a uma repetição de módulos. Vão se apresentando diante de nós as formas presentes de uma evocação em que se reúnem presenciado e imaginado.

Num livro hoje muito raro, *Contos Populares Russos*, Alfredo Appel[24], um estudioso do assunto em Portugal, nos chama a atenção para o trânsito contínuo dos componentes deste conto do Czar Saltan no território da oralidade em Portugal e no Brasil e de sua fusão com outros contos afins. Segundo ele nos informa, *A História do Czar Saltan* corresponde ao conto v ("A Árvore que Fala e a Ave que Canta") e ao conto vi ("As Três Irmãs") na famosa recolha de Afanássiev.

E o próprio Appel transcreve duas versões do conto popular, cujos segmentos ele sente se aproximarem de partes da história elaborada por Púschkin.

Aí se reúnem também o que tantas vezes foi contado, as histórias que falam das três irmãs e de um soberano que as escuta escondido, situação sempre presente em muitos relatos dispersos, de uma mulher aviltada por artes de suas irmãs, das peripécias mágicas a que está sujeita, e depois salva pelo poder de um príncipe, seu filho a quem se devem tantas proezas.

Para além dos textos impressos, que conduzem novos sentidos, temos uma rede de afinidades no texto oral, naquilo que podemos dizer como sendo o *grande texto* do conto popular.

---

24. *Contos Populares Russos*, Rio de Janeiro, Francisco Alves, s.d. (o autor informa que as provas do livro foram revistas em junho de 1919).

A história das três irmãs é muito frequente, e comparece num leque de narrativas orais. E assim, no mundo todo e no Brasil, permanecem alguns elementos desta vertente narrativa.

No índice de Aarne e Thompson, o conto 202 corresponde ao motivo 707 "The Three Golden Sons", com versões bem espalhadas pelo mundo: Finlândia, Suécia, Albânia, Grécia, Índia, Chile e Cabo Verde. Ele comparece também nos contos de Gonçalo Fernandes Trancoso, em Portugal, em suas *Histórias de Proveito e Exemplo* com o título *As Irmãs Invejosas*, versão transcrita por Luís da Câmara Cascudo, em *Os Melhores Contos Populares de Portugal*; Teophilo Braga, em *Contos Tradicionais do Povo Português*, publicou *O Rei Escuta* e *As Cunhadas do Rei* e E. F. Xavier Athayde de Oliveira, nos *Contos Tradicionais do Algarve*[25].

A deliciosa e muito paraibana história contada por Luzia Tereza, recolhida e transcrita por Altimar Pimentel[26], aliás um dos mais ativos transcritores e recriadores do conto popular no Brasil, nos oferece assim aquela situação inicial em que as três mocinhas pobres são ouvidas pelo vassalo do rei, nos seguintes termos:

> Bem, essas três imãs, mocinhas pobres, não tinham pai nem mãe. Viviam sozinhas numa casinha perto do palácio do príncipe. Elas eram bonitas, mas nenhuma tinha namorado – e eu, se me casasse era com um príncipe. Eu teria dois filhos – um menino e uma menina – cada um nascia com uma estrela de ouro na testa.

E a resolução final, como na história de Saltan, é o príncipe escolhê-la, casar uma irmã com um vassalo e deixar a outra sem casar. A sequência da história narrada aponta mesmo para o conto do czar russo.

---

25. Informações passadas pelo pesquisador do conto popular Braulio do Nascimento.
26. O pesquisador Altimar Pimentel ofereceu algumas pistas preliminares sobre o conto das *Três Irmãs*, além de sua versão recolhida em *Histórias de Luíza Tereza*, vol. 4, inédito.

No Brasil, Sílvio Romero encontrou em Sergipe *Os Três Coroados* e publicou em *Contos Populares do Brasil*[27], Câmara Cascudo[28], em Natal, bem como Aluísio de Almeida, que registrou nas 142 histórias brasileiras, colhidas em São Paulo, dizendo que recolheu o conto de um ilhéu da Ilha da Madeira, que o ouviu de sua tia por volta de 1880, com o título *História das Três Irmãs*.

Em todas as versões escritas ou transcritas, em prosa e verso, a que tivemos acesso há concretamente a situação narrativa inicial, as três irmãs e suas escolhas, a visita do rei soberano ou czar, a rainha injustiçada etc. Aliás, nos aproximamos aí de um relato como o de Crescência, a mulher aviltada injustamente pelo senhor seu marido[29], em que se encontra a situação de ser lançada ao mar, sendo a criança substituída, ao nascer, por monstrinhos, ratos, calangos.

No caso do Czar Saltan, dentro da barrica lançada ao mar sobrevivem a rainha e a criança que cresce, por minuto. No tempo próprio do mito, que reverte condições de tempo e espaço, em pouco já poderia desencantar sua amada, a Princesa Cisne, com quem viria a se casar. Em causa: a calúnia, o tempo em sua dimensão acelerada ou retardada, a depender do relato, o espaço, a distância, a viagem, o destino, a morte e a vida, a maravilha.

O castigo e depois o encontro com o rei ou soberano e a justiça final. O perdão ou a morte das invejosas malfeitoras. Em seu texto Púschkin as perdoa, exercendo apenas pequenas vinganças, como as ferroadas no olho ou nariz. O poeta popular brasileiro o segue de perto. Para a permanência deste núcleo central garante-se que o conto será perpetuado em seus códigos principais.

Tudo concorre naturalmente para que o poeta russo coloque em destaque, com força e relevo, os protótipos e situações da ação, ten-

---

27. Sílvio Romero, *Contos Populares do Brasil*, Rio de Janeiro, José Olympio, 1964.
28. Câmara Cascudo, *História da Literatura Brasileira (Oral)*, Rio de Janeiro, José Olympio, 1952.
29. Elizabeth Frenzel, *Diccionario de Argumentos de la Literatura Universal*, Madrid, Editorial Gredos, 1976.

do por pressuposto todo um campo de afinidades. O poeta popular aproveita a fonte impressa, compatibilizando com o seu arsenal narrativo da tradição: as muitas histórias como aquela das três irmãs, e, mais diretamente, a história do Czar Saltan que aí se concretiza. Ao observar o que o poeta popular conserva ou descarta, vemos uma adaptação capaz de inserir elementos das culturas indígenas brasileiras: "Eles preparam um líquido com o favo da Jati" (podemos falar também de uma leitura de José de Alencar?). O menino, futuro Príncipe Guidon, defende-se com um tacape, e em certo momento adiantado da história, desejoso de conhecer o príncipe, o Czar Saltan envia a ele um telegrama, habitual *non sense* que demonstra a inclusão de outras formas de temporalizar e uma admiração intensa pelo que é então moderno.

Portanto, cada vez que for memorizada ou oralizada esta história, criará novas variações, de tempo narrado, de sistemas de imagens, de tom e de timbre, de gestualidades expressivas, vindo a formar todo um conjunto virtual.

O texto de Púschkin, colocado e difundido através de uma história em prosa, geraria outras afinidades, acionaria aquela espécie de rede já existente, permitindo nova criação, sob outras formas e suportes.

No caso do grande poeta Alexander Puchkin, ele e sua ama estariam também ligados a algo a mais do que à tradição do conto popular russo. Parece que ambos se fariam conectados a vertentes difundidas e que foram mapeadas por Aarne & Thompson, em registros espalhados pelo mundo, na mais dispersa geografia.

Severino Milanês da Silva, nascido em Bezerros/PE, cantador e poeta já falecido, autor de muitas histórias de princesas, detentor dos profundos e ricos veios de nossa cultura tradicional, teve acesso a este texto de A. S. Púschkin, possivelmente, na versão em prosa de Dulce Cordeiro, e o recriou no mais perfeito versejar de nossa tradição oral/impressa, em bem realizada operação poética da literatura de folhetos.

Isto nos parece ainda mais interessante, quando pensamos que ele vai ao encontro da tradição popular que domina, apreende a história legada por Púschkin, através da adaptação em prosa de que dispõe, e tem também no verso sua forma de expressão, elaborada ao máximo e compondo o gênero que se conhece no mundo dos folhetos como romance.

Trata-se do verso septassílabo, a redondilha maior, em sextilhas e com rimas alternadas. Nesta operação poética é como se alcançasse, ao mesmo tempo, em miraculosa síntese, tanto o próprio Púschkin quanto a sua ama, e outros narradores do seu entorno.

Neste ponto, podemos dizer que Púschkin e o poeta popular se serviram de materiais em prosa e verso e de textos dramatizados na tradição oral.

Púschkin parte do material oral em performances narrativas, na sucessão de escutas que terá feito e elaborado com a maior afinidade possível, dotando-o de grande sofisticação, em sua modalidade escritural, submetendo-o ao seu projeto estético, à sua plataforma de criação como um todo. E é sobre esta malha coletiva de criação que ele interfere para exercer sua competência poética.

Quanto ao folheto recriado, o poeta parte da grande matriz de seu repertório oral, da memória que carrega o conto popular, desde muito longe, e incorpora ritos, fragmentos de ritos etc., encurta a distância entre estes e o seu tempo social e submete sua criação ao espaço-papel do folheto, que tem a elaborada dobradura do papel. Há que contar-se a história em 8, 16, 32 páginas, a depender.

Severino Milanês trabalha também na transformação da prosa em verso. A forma poética resplandece em sua *gestalt*, e é apreendida naquilo em que se conforma. Traz todo um legado das séries literárias que captou difusamente, conserva um léxico arcaico, um registro épico dos combates cavaleirescos[30].

Falando da Bylina russa, Roman Jakobson ataca, de vez, vários tópicos e questões[31]. A *bylina*, canção épica russa medieval, diz ele,

30. Jerusa Pires Ferreira, *Cavalaria em Cordel*, 2. ed., Hucitec, São Paulo, 1993.
31. Roman Jakobson. Cf. *Retrospect*.

implica simultaneamente um mito, algo emprestado do material literário tradicional e uma resposta a eventos históricos. Mostra-nos, porém, o quanto a *gestalt* age na hierarquia destas funções como um valor integrador interessante, para acrescentar a ideia de que também a performance inaugura sua posição e confere algo fundamental ao ato transmissivo.

O folheto, que traz na capa uma interessante foto de artistas dos primeiros tempos do cinema, foi lido e ouvido por muitos, quando nos meados do século xx esta literatura alcançou seu esplendor.

Quem sabe agora por onde continuará a andar esta história, em verso/prosa/som/imagem, junto àquele e a outros públicos? Quem dirá que trânsitos orais, escritos, impressos, de todo modo, podem vir a acontecer?

De que maneira uma *skaska* de Púschkin, proveniente de um passado distante, aponta para uma possibilidade de recriação por parte de um poeta popular ou outro, ou terá a sorte de encontrar um romancista que à maneira de Ismail Kadaré[32] possa vir a recriá-lo?

Que destino poderá continuar a ter o Czar Saltan neste território virtual de maravilhas, que atravessa tempos, povos e lugares? A virtualidade é uma situação que reúne, numa espécie de hipertexto, operação de colagens sucessivas, em que os trânsitos do regional ou universal se fundem ou atualizam, em que um texto aparece quando há espaço para que ele se apresente e afirme, e deixam de fazer sentido separações como verso e prosa. O interessante é a rede de publicações que continua, em textos mais ou menos populares, com diversas soluções de métrica de ritmo e de linguagem, guardando, porém, o núcleo da história do Czar Saltan. Publicam-se assim muitas obras, as mais variadas tradu-

---

32. Como o fez Ismail Kadaré ao lidar com a história da moça que se casou com uma cobra, recontando o mito de Eros e Psiquê. Cf. Jerusa Pires Ferreira, *Armadilhas da Memória*, Cotia, Ateliê Editorial, 2004.

ções que remetem para o longo percurso de uma história em seus componentes eternos, míticos e heroicos, de exemplo e de graça.

Assim, ao se pensar no trajeto do Czar Saltan, abrem-se duas possibilidades:

• a de textos afins que compõem uma espécie de núcleo narrativo, oferecendo tópicos e situações semelhantes;

• a dos textos especificamente configurados como *História do Czar Saltan*, tradição russa, perenizada pela bela *skaska*, recriada em verso por Púschkin, e que, num percurso cultural, volta a se espalhar pelo mundo, em escrituras e em imagens. Em objetos que relacionam linguagens e projetam narrativas. Uns omitem, outros acrescentam, floreiam, presentificam, contemplam gestualidades e escutas, ornam, adornam, outros recriam a partir de formas essenciais.

Para além do grande texto verbal oral ou escrito existe o conjunto impresso da história. É o caso das imagens gráficas, das diversas ilustrações, gravuras, imagens que o acompanham. E vão se criando assim novos domínios para o Czar Saltan. Sequências em que os ilustradores expressam, sob seus parâmetros, o texto imortalizado também por Púschkin. Cabe incluir aí a apresentação de várias cenas do poema nas caixinhas miniaturais, as de Palek.

O voo do mosquitinho, em que tinha se transformado no Príncipe, para chegar ao reinado de seu pai, o Czar Saltan (que o poeta popular chama de Cesar, recuperando a verdadeira etimologia do poder), pode ser tomado como a imagem deste trajeto infindo, desta possibilidade mágica de nos fazer sentir o ritmo do verso como um definidor de sentidos, e de nos trazer à presença de criações possíveis. Como aquela da relação apontada do texto de Púschkin ao *Voo da Abelha*, que tem a ver com a composição do famoso compositor russo Rímski-Kórsakov, mas poderemos também evocar o voo do mangangá de nosso Sivuca, o notável intérprete do Sertão, na sanfona extraordinária que tanto soava em Paris e no mundo.

O CZAR SALTAN

Tradução em prosa de Boris Schnaiderman

Речь последней по всему
Полюбилася ему.
«Здравствуй, красная девица,—
Говорит он,— будь царица
И роди богатыря
Мне к исходу сентября.
Вы ж, голубушки-сестрицы,
Выбирайтесь из светлицы.
Поезжайте вслед за мной,
Вслед за мной и за сестрой:
Будь одна из вас ткачиха,
А другая повариха».

В сени вышел царь-отец.
Все пустились во дворец.
Царь недолго собирался:
В тот же вечер обвенчался.
Царь Салтан за пир честной
Сел с царицей молодой;
А потом честные гости
На кровать слоновой кости
Положили молодых
И оставили одних.
В кухне злится повариха,
Плачет у станка ткачиха,
И завидуют оне
Государевой жене.
А царица молодая,
Дела вдаль не отлагая,
С первой ночи понесла.

В те-поры война была.
Царь Салтан, с женой простяся,
На добра-коня садяся,

430

páginas em russo do *Czar Saltan*, em *Obras Completas de A. S.*
cademia de Ciência da URSS, Moscou, 1957, vol. iv, pp. 429-460.

Ей наказывал себя
Поберечь, его любя.
Между тем, как он далёко
Бьется долго и жестоко,
Наступает срок родин;
Сына бог им дал в аршин,
И царица над ребенком
Как орлица над орленком;
Шлет с письмом она гонца,
Чтоб обрадовать отца.
А ткачиха с поварихой,
С сватьей бабой Бабарихой,
Извести ее хотят,
Перенять гонца велят;
Сами шлют гонца другого
Вот с чем от слова до слова:
«Родила царица в ночь
Не то сына, не то дочь;
Не мышонка, не лягушку,
А неведому зверюшку».

    Как услышал царь-отец,
Что донес ему гонец,
В гневе начал он чудесить
И гонца хотел повесить;
Но, смягчившись на сей раз,
Дал гонцу такой приказ:
«Ждать царева возвращенья
Для законного решенья».

    Едет с грамотой гонец,
И приехал наконец.
А ткачиха с поварихой,
С сватьей бабой Бабарихой,

Conto sobre o Czar Saltan, o seu filho, o glorioso e poderoso paladino Príncipe Guidon Saltânovitch, e a bela Princesa Cisne

Três donzelas à janela teciam de noitinha já mais tarde. "Se eu fosse Czarina – diz uma delas – para todo o mundo cristão prepararia um grande festim." "Se eu fosse Czarina – diz a sua irmã – para todo o mundo sozinha eu teceria pano." "Se eu fosse Czarina – disse a terceira irmã – para o paizinho Czar daria à luz um paladino."

Dito isto, a porta range baixinho e na sala entra o Czar soberano daquele país.

Durante toda a conversa, ele estivera atrás do muro. A fala da última, tudo indica, foi do seu agrado.

"Boa tarde, linda donzela, diz ele. Sê Czarina e me dá à luz um paladino, para o fim de setembro. E quanto a vocês, irmãzinhas do coração, saiam desta sala e, seguindo-me e à irmã, uma seja tecelã e a outra cozinheira."

O Czar pai saiu para o vestíbulo e todos partiram para o palácio. O Czar não demorou com os preparativos: naquela mesma noite se casou num festim honesto, sentou-se com a jovem Czarina, e depois os dignos convidados numa cama de marfim deitaram os jovens e os deixaram sozinhos.

Na cozinha se enfurece a cozinheira. Junto ao tear chora a tecelã, e elas invejam a mulher do soberano. A jovem Czarina, não adiando a tarefa, engravidou já na primeira noite.

Naquele tempo, havia guerra. O Czar Saltan, despedindo-se da esposa e montando num bom cavalo, ordenou-lhe que se cuidasse, e não o deixasse de amar. Entretanto, quando ele combate em terra distante, longa e cruelmente, chega o tempo do parto; Deus lhes deu um filho de um *archin*[1], e a Czarina se inclinava sobre o filho, como a águia sobre o filhote. Ela envia um mensageiro com uma carta para alegrar o pai. Mas a tecelã e a cozinheira, com a casamenteira Babarikha, querem levá-la à desgraça. Mandam deter o mensageiro e enviam outro, com a seguinte mensagem tim-tim por tim-tim: "A Czarina deu à luz, de noite, não se sabe se é um filho ou uma filha: não é camundongo, não é sapo, mas um bichinho desconhecido".

Mal o Czar pai ouviu o que lhe trouxe o mensageiro, irado pôs-se a desatinar e quis enforcá-lo mas, cedendo dessa vez, deu-lhe a seguinte ordem: "Esperar a volta do Czar para uma decisão legal".

Lá vai o mensageiro com o documento, e finalmente chegou, e a tecelã com a cozinheira, mais a casamenteira Babarikha, mandam despojá-lo. Embebedam-no, e na sua bolsa vazia colocam outra mensagem. E o mensageiro embriagado trouxe no mesmo dia a seguinte ordem: "O Czar determina aos seus boiardos não perder tempo em vão, e a Czarina e o rebento atirar em segredo ao abismo das águas". Não havia o que fazer: os boiardos, lamentando o soberano e a jovem Czarina, vieram em multidão ao seu quarto. Declararam a vontade do Czar: o destino aziago para ela e o filho. Leram em voz alta o decreto e, na mesma hora, puseram num barril a Czarina com o filho; fecharam com pixe, rolaram e soltaram no oceano. Assim ordenara o Czar Saltan.

No céu azul as estrelas brilham, no mar azul as ondas espadanam. Uma nuvem se desloca no céu, o barril flutua no mar. Qual viúva amargurada, a Czarina chora e se debate nele; e o menino cresce ali, não dia a dia mas hora a hora. O dia passa e a Czarina grita... e o garoto apressa a onda: "Tu, onda minha, és passeadeira e és livre;

---

1. Medida russa correspondente a 0,71 cm.

te espraias por onde queres, desgastas as pedras do mar, inundas a praia da terra e ergues os navios. Não destruas a nossa alma e empurra-nos para a terra firme". E a onda obedece: no mesmo instante, ela faz o barril pousar suavemente na praia e recua suavemente. A mãe com o filhinho estão salvos e ela sente a terra firme. Mas quem vai tirá-los do barril? Deus há de abandoná-los? O filho ergueu-se sobre as perninhas, apoiou-se com a cabecinha no fundo, fez um pouco de força: "Como agora fazer uma janelinha para fora?" Arrancou o fundo e saiu.

Mãe e filho agora estão em liberdade; veem uma colina num vasto campo, o mar azul em volta, um carvalho verde sobre a colina. O filho pensou: uma boa ceia agora nos seria necessária. Ele quebra um ramo de carvalho e o curva num arco retesado; retira o cordão de seda do pequeno crucifixo que trazia ao pescoço, distende-o sobre o arco do carvalho, quebra um graveto fino, aguça-o em flecha ligeira, e vai até a beirada do vale, procurar caça junto ao mar.

Apenas se aproxima do mar, ouve como que um gemido... Parece que no mar não há quietude; olha e vê que as coisas não estão fáceis: um cisne se debate entre as marolas e um abutre paira sobre ele. O coitado bate as asas, a água em volta ele turva e salpica... O outro já soltou as garras, aguçou o bico sangrento... mas justo neste instante, a flecha cantou e atingiu o abutre no pescoço, e no mar verteu seu sangue. O Príncipe baixa o arco e olha: o abutre afunda no mar e geme com um grito que não é de ave. O cisne nada ao lado, bica o malvado abutre. Apressa a morte próxima, bate asa e no mar o afoga e ao Príncipe, em seguida, diz em russo: "Tu, Príncipe és meu salvador, um libertador poderoso. Não te aborreças porque por minha causa passarás três dias sem comer, nem porque a flecha se perdeu no mar. Este desgosto não é bem desgosto. Vou te pagar em benefícios e vou te servir depois: tu não libertaste um cisne, tu deixaste viva uma donzela; não mataste um abutre, acertaste um feiticeiro. Nunca hei de te esquecer: hás de me encontrar em toda parte. Mas agora volta, não te entristeças e vai dormir".

Saiu voando a cisne, enquanto a Czarina e o Príncipe depois de passar o dia inteiro assim resolveram deitar-se, em jejum. Eis que o Príncipe abre os olhos, sacudindo os sonhos noturnos e espantando-se, vê diante de si uma grande cidade, as muralhas com muitas ameias e atrás das muralhas brancas fulguram as cúpulas das igrejas e dos santos mosteiros. Ele se apressa em acordar a Czarina; ela solta uma exclamação!... "Será possível?" Ele diz: "Vejo, está contente a minha cisne". Mãe e filho caminham para a cidade. Mal atravessaram a muralha, surge de todos os lados um bimbalhar ensurdecedor. O povo acorre ao seu encontro. O coro da igreja ergue loas a Deus. Em carruagens douradas a corte magnífica vem ao seu encontro; todos os saúdam alto e cobrem o menino com o chapéu de príncipe, proclamando-o seu soberano. Em meio de sua catedral, autorizado pela Czarina, no mesmo dia, passou a exercer o poder e se chamou Príncipe Guidon.

O vento passeia sobre o mar e empurra o pequeno navio. Este corre sobre as ondas, as velas infladas. Os do navio se espantam, aglomeram-se e na ilha conhecida veem, acordados, uma verdadeira maravilha: uma nova cidade com cúpulas de ouro, um cais muito fortificado; canhões atiram do cais e ordenam ao navio que atraque. Os hóspedes chegam à barreira; o Príncipe Guidon os convida, dá-lhes de comer e de beber e manda que lhe respondam: "Com que vós comerciais, meus convidados, e para onde vos dirigis agora?" Os do navio respondem: "Percorremos o mundo inteiro. Comerciamos zibelinas e raposas negro-pardas; mas agora chegou nosso prazo, vamos direto para o Oriente, passando pela Ilha de Buian, para o reino do glorioso Saltan..."

O Príncipe lhes disse então: "Boa viagem meus senhores. Pelo mar oceano, à terra do glorioso Czar Saltan; transmitam-lhe minhas saudações". Os convidados se põem a caminho e o Príncipe Guidon, com a alma entristecida, a partir da margem, segue o seu rápido passo; e vê: sobre as águas em movimento, desliza a branca cisne. "Salve, meu belo Príncipe. Por que estás quieto como um dia de tormenta? Ficaste triste com algo?" O Príncipe responde abatido: "Tristeza/angústia me consome, eu gostaria de ver meu pai". A cisne ao Príncipe: "Então é esta a tua aflição! Bem, ouve: queres ir ao mar, voando atrás do navio? Pois bem Príncipe, sê um mosquito". Agitou as asas, espalhou ruidosamente a água e borrifou-o todo da cabeça aos pés. Aqui ele se reduziu a um ponto, transformando-se num mosquito. Voou e zuniu, alcançou no mar o navio, desceu devagarinho e escondeu-se numa fenda.

O vento faz ruído alegremente, o navio corre alegre, passando pela Ilha de Buian para o reino do glorioso Saltan, e o país desejado já se vê, de longe. Eis que os convidados saíram para a beira-mar; o Czar Saltan chama-os e atrás deles para o palácio foi voando o nosso herói. Vê então: todo refulgente de ouro, o Czar Saltan está sentado em seu palácio, no trono e coroado, um pensamento triste no rosto. E a tecelã e a cozinheira com a casamenteira Babarikha ficam sentadas junto ao Czar, fitando-o nos olhos. O Czar Saltan faz sentar os hóspedes à sua mesa e os interroga:

"Ah meus senhores hóspedes, passastes muito tempo viajando, por onde? As coisas além-mar estão bem? E que maravilha há no mundo?" Os do navio lhe respondem: "Percorremos o mundo todo; além-mar não se vive mal e no mundo existe a seguinte maravilha: uma ilha abrupta sem atracadouro, inabitada; ela se estendia numa planície deserta, nela crescia um único pequeno carvalho; e agora ali está uma nova cidade com palácios, com igrejas de cúpulas douradas, com casas ricas e jardins, e nela está o Príncipe Guidon, que vos mandou saudações". O Czar Saltan se espanta com a maravilha. Diz ele: "Se eu viver, visitarei a ilha maravilhosa, ficarei em visita a Guidon".

E a tecelã com a cozinheira, com a casamenteira Babarikha não querem deixá-lo ir visitar a ilha maravilhosa. "Grande raridade, diz a cozinheira, piscando o olho com malícia para os outros: uma cidade junto ao mar! Sabei de algo que não é coisa à toa; um pinheiro na floresta, e sob o pinheiro um esquilo, o esquilo canta cançõezinhas e não pára de roer avelãs e as avelãs não são comuns, todas as cascas são de ouro e as amêndoas são esmeraldas puras; é isto que se diz maravilha". O Czar Saltan se espanta com a maravilha e o mosquito se enfurece, se enfurece e num instante ele se agarra bem no olho direito da tia. A cozinheira empalideceu. Estacou e ficou vesga; os criados, os parentes e a irmã gritando perseguem o mosquito. "Criatura maldita! Tu nos pagas..." e ele passa pela janela e, tranquilamente, voa atravessando o mar para seus domínios. Novamente o Príncipe caminha à beira-mar e do mar azul não tira os olhos; olha e vê: sobre as águas em movimento, desliza a cisne branca. "Salve belo Príncipe, por que estás quieto como um dia cinzento? Ficaste triste com o quê", ela diz.

O Príncipe Guidon lhe responde: "A tristeza, a angústia me consomem; eu gostaria de possuir a maravilha das maravilhas. Em alguma parte existe um pinheiro na mata, sob o pinheiro um esquilo. É espantoso, realmente não é coisa à toa: o esquilo canta cançõezinhas e o tempo todo rói avelãs e as avelãs não são comuns, todas as cascas são de ouro e a amêndoa esmeralda pura; mas talvez as pessoas estejam mentindo". A cisne responde ao Príncipe: "O mundo diz verdade sobre o esquilo, eu conheço esta maravilha; vamos Príncipe de minh'alma, não te entristeças; estou contente de te prestar um serviço". Alma acesa, o Príncipe vai para casa. Apenas entra no pátio espaçoso, o que vê? Sob um alto pinheiro um esquilinho rói diante de todos uma avelã de ouro. Tira uma esmeralda e reúne as cascas, junto a montinhos iguais e canta com assobio diante de todo o povo honesto: "Foi no jardim, foi na horta". O Príncipe Guidon se admira: "Bem, obrigado. Mas, que cisne! Que Deus a recompense pois ela me trouxe alegria". Em seguida, o Príncipe construiu para o esquilinho uma casa de cristal. Colocou ali uma guarda e ordenou a um secretário contar rigorosamente as avelãs, lucro para o Príncipe, glória para o esquilo.

O vento passeia sobre o mar e empurra o naviozinho: este, de velas erguidas, corre sobre as ondas, junto à ilha abrupta e a uma grande cidade: canhões disparam do cais e ordenam ao navio que atraque. Os hóspedes chegam à barreira, o Príncipe Guidon os convida, dá-lhes de comer e de beber e ordena que respondam: "Com que comerciais meus hóspedes e para onde navegais agora?" Os do navio respondem: percorremos o mundo, comerciamos com cavalos, potrinhos do rio Dom e agora terminou o prazo e temos de viajar para longe, passando pela ilha de Buian, para o reino do glorioso Saltan. Diz-lhes então o Príncipe: "Boa viagem, meus senhores, pelo mar oceano às terras do glorioso Czar Saltan e dizei-lhe: – O Príncipe Guidon envia ao Czar sua saudação".

Os convidados se inclinaram diante do Príncipe, saíram e se fizeram ao mar.

O Príncipe à beira-mar e ali já está a cisne, movendo-se sobre as águas. O Príncipe implora:

– Minha alma pede, me puxa e transporta para longe... e novamente ela, num instante o borrifou todo: o Príncipe transformou-se em mosca, voou entre mar e céus para o navio e esgueirou-se numa fenda.

O vento faz ruído, alegre, o navio corre alegre, passando pela Ilha de Buian para o reino do glorioso Saltan, e o país desejado já se vê ao longe; eis que os hóspedes vão para a beira-mar, o Czar Saltan os convida e atrás deles para o palácio voou o nosso herói. Ele vê, todo reluzente de ouro, o Czar Saltan está no trono e coroado, em seu palácio com um pensamento traíste no semblante. E a tecelã mais Babarikha e mais a cozinheira vesga estão sentadas junto ao Czar e parecem rãs furiosas. O Czar Saltan faz os hóspedes se sentarem à sua mesa e pergunta: "Ah, meus senhores e hóspedes, passastes muito tempo em viagem, por onde? É bom além-mar ou não? E que maravilha há no mundo?" Os do navio respondem: "Percorremos o mundo todo; além-mar a vida não é ruim e no mundo existe a seguinte maravilha: Há uma ilha no mar, sobre a ilha uma cidade, com igrejas de cúpulas de ouro, com palácios e jardins; um pinheiro cresce diante do palácio e embaixo há uma casa de cristal; ali vive um esquilo amestrado, e como é criativo! O esquilo canta cançõezinhas e não pára de roer avelãs, e as avelãs não são comuns, todas as cascas são de ouro e as amêndoas de esmeralda pura. Os criados vigiam o esquilo, prestam-lhe todo o serviço e ali se colocou um secretário administrativo que tem ordem de contar rigorosamente as avelãs. O exército lhe presta continência, fundem as cascas para fazer moedas que soltam no mundo; moças despejam as esmeraldas nas dispensas e deixam em depósito; naquela ilha todos são ricos, não há choupanas e em toda a parte palácios; e ali fica o Príncipe Guidon; ele te envia uma saudação". O Czar Saltan se espanta com aquela maravilha. Diz ele: "Se eu viver, visitarei a ilha maravilhosa, vou me hospedar com Guidon". Enquanto isso, a tecelã mais a cozinheira e a casamenteira Babarikha não querem deixá-lo ir visitar a ilha maravilhosa. Sorrindo furtivamente diz ao rei a tecelã: "O que há nisso de espantoso? Vejamos! O esquilo rói as pedrinhas, reúne o ouro e amontoa as esmeraldas; isto não nos espanta, quer seja verdade ou não. No mundo há uma outra surpresa: o mar se enfurece, se revolve, ergue um rugido, joga-se contra a margem deserta, se espraia numa corrida ruidosa e aparecem na margem, em escamas, incendiados como brasa trinta e três paladinos, todos belos e valentes, jovens gigantes, todos iguais, como que escolhidos, com eles o aio Tchernomor. Isto sim é que é prodígio, pode-se dizer com justiça! Os convidados inteligentes se calam, não querem discutir com ela. O Czar Saltan se espanta com o prodígio e Guidon se enfurece, se enfurece... zune e assenta-se justamente no olho esquerdo da tia, e a tecelã empalidece: "Ai!" E ali mesmo ficou vesga; todos gritam: "Apanha, apanha, esmaga, esmaga... ai! Fica quieto um pouco, espera".

E o Príncipe voa para a janela e tranquilamente atravessa o mar e chega aos seus domínios.

O Príncipe caminha junto ao mar azul e do mar azul não tira os olhos; e vê: sobre as águas em movimento desliza a cisne branca. "Salve, meu belo Príncipe! Por que estás quieto como um dia cinzento? Por que ficaste triste?"

O Príncipe Guidon lhe responde: "A tristeza/angústia me consome: um prodígio prodigioso eu gostaria de transportar para os meus domínios". "Mas que prodígio é este?" "Em alguma parte, o oceano se ergue tumultuoso, solta um rugido, precipita-se sobre a praia deserta, se espalha na corrida ruidosa, e aparecem na margem, em escamas, incendiados como uma brasa, trinta e três cavaleiros todos belos e jovens, gigantes valentes, todos iguais como que escolhidos, e com eles o aio Tchernomor". A cisne responde ao Príncipe: "Então é isto que te atormenta Príncipe? Não te entristeças, minh'alma, esta maravilha eu conheço; estes paladinos do mar são meus irmãos queridos. Não te entristeças, portanto, e vai receber meus irmãozinhos como hóspedes."

O Príncipe partiu, esquecendo a aflição, sentou-se numa torre e pôs-se a olhar o mar e o mar de repente se agitou em volta, se espraiou numa corrida ruidosa e deixou na margem trinta e três paladinos; de cotas de malha, incendiados como uma brasa, eles avançam aos pares e brilhando com o grisalho dos cabelos, na frente caminha o aio e os conduz à cidade. Guidon desce a escada correndo e recebe os hóspedes queridos; o povo corre apressado; o aio diz ao Príncipe: "A cisne nos enviou para ti e nos ordenou guardar a tua gloriosa cidade e caminhar em volta, vigilantes. A partir de hoje, todos os dias, sem falta, junto ás tu altas muralhas sairemos das águas marinhas e em breve nos veremos, mas agora, temos de ir para o mar; o ar da terra nos é pesado". Em seguida todos foram para casa.

O vento passeia sobre o mar e empurra o naviozinho; ele corre sobre as ondas de velas erguidas, junto à ilha abrupta, passando pela cidade grande; canhões disparam do cais, e ordenam que o navio atraque. Os hóspedes chegam à barreira, o Príncipe Guidon os convida, dá-lhes de comer e de beber e manda que lhe respondam: "Com o que vós meus hóspedes comerciais? E para onde navegais agora?" Os do navio lhe respondem: "Percorremos o mundo todo; comerciamos espadas de Damasco, prata e ouro puros e agora chegou o nosso prazo; temos um longo caminho, passando pela Ilha de Buian para o reino do glorioso Saltan". O Príncipe lhes diz então: "Boa viagem, meus senhores, pelo mar oceano até as terras do glorioso Czar Saltan, e dizei-lhe: o Príncipe Guidon envia ao Czar a sua saudação".

Os hóspedes inclinaram-se ante o Príncipe, saíram e iniciaram a viagem. O Príncipe vai à beira-mar e ali já está a cisne passeando sobre as ondas. O Príncipe novamente: "Minha alma me pede... me arrasta", e mais uma vez ela o borrifou todo num instante. Então ele encolheu muito, o Príncipe transformou-se num zangão, voou e zuniu; alcançou o navio no mar, baixou ali devagarinho sobre a popa e meteu-se numa fenda.

O vento ressoa alegre, o navio corre alegre, passando pela Ilha de Buian para o reino do glorioso Saltan, e o desejado país já se vê de longe. Eis que os hóspedes saem para a praia. O Czar Saltan os convida, e atrás deles para o palácio voa o nosso herói. Ele vê: refulgindo todo em ouro, o Czar Saltan está no palácio, sentado no trono e coroado, com um pensamento triste no semblante. E a tecelã com a cozinheira e mais a casamenteira Babarikha estão sentadas junto ao Czar, e as três olham como se fossem quatro. O Czar Saltan faz sentarem-se os hóspedes à sua mesa e interroga: "Ah meus senhores hóspedes, viajaram muito, por onde? É bom ou não além mar, e que maravilhas há no mundo?" Os do navio respondem: "Percorremos o mundo todo; além-mar não se vive mal; e no mundo existe a seguinte maravilha: no mar há uma ilha, sobre a ilha uma cidade, e todos os dias ocorre ali um prodígio: o mar se ergue tumultuoso, referve, solta um rugido, se impele contra a praia vazia, cinde as águas em rápida corrida e ficam na margem trinta e três cavaleiros abrasados em cota de ouro, todos jovens e belos, valorosos gigantes, todos iguais como que escolhidos; o velho aio Tchernomor sai com eles do mar e os conduz dois a dois. Para guardar a ilha e percorrê-la, em patrulha, não existe guarda mais fiel mais valente e esforçada. E lá está o Príncipe Guidon, ele te manda uma saudação".

O Czar Saltan se espanta com a maravilha. "Se eu viver visitarei a ilha maravilhosa e me hospedarei com o Príncipe". A cozinheira e a tecelã nem um pio, mas Babarikha diz com um risinho: "Quem nos surpreenderá com isto? Pessoas saem do mar e vagueiam em patrulha! Digam verdade ou mentira, não vejo aí nenhum prodígio; não haverá no mundo prodígios maiores? Agora há um rumor verídico: além-mar há uma princesa da qual não se pode desviar o olhar: de dia ela obscurece a luz de Deus, de noite ilumina a terra, uma lua lhe brilha sob a trança e na fronte lhe cintila uma estrela. Ela é majestosa e desliza como um pavão; e quando fala é um riacho murmurando. Pode se dizer com justiça que isto sim é um prodígio". Os hóspedes inteligentes se calam: não querem discutir com a mulher. O Czar Saltan se espanta com a maravilha e o Príncipe, embora enfurecido, tem pena dos olhos de sua velha avó: rodopia sobre ela zunindo e baixa bem sobre o seu nariz. Nosso herói ferroou-lhe o nariz: no nariz se ergueu um calombo e de novo começou o corre-corre:

"Ajuda, pelo amor de Deus! Socorro! apanha, apanha, agarra, agarra, esmaga-o... aí está! espera um pouco, aguarda!..." E o zangão para a janela. Tranquilamente, voltou às suas plagas, voando sobre o mar.

O Príncipe caminha junto ao mar azul e do mar azul não tira os olhos; e ele vê: sobre as águas velozes desliza a cisne branca. "Salve, meu belo Príncipe! Por que estás quieto como um dia cinzento! O que te entristece?" O Príncipe Guidon lhe responde: "Angústia/aflição me consome: as pessoas se casam; vejo que só eu ando sem casar". "Mas quem é que você tem em vista?" "É que no mundo, dizem, há uma princesa da qual não se pode tirar os olhos. De dia ela obscurece a luz de Deus. De noite, ilumina a terra, tem uma lua brilhando sob a trança e na fronte lhe cintila uma estrela. E ela é grandiosa, avança como um pavão; diz palavras doces, parece um riacho murmurando. Mas, será verdade isto?" O Príncipe assustado espera uma resposta. A cisne branca se cala e depois de pensar um pouco diz: "Sim! Existe uma donzela, sim. Mas mulher não é luva: não dá para jogá-la da mãozinha nem prendê-la no cinto. Vou te servir com um conselho, ouve: sobretudo isso, pensa pelo caminho, para não te arrependeres depois".

O Príncipe se pôs a jurar por Deus. Que já estava na hora de ele casar e que sobre isso tudo já pensara pelo caminho; que estava pronto, de alma enlevada, disposto a ir atrás da bela princesa, a pé, nem que fosse para três vezes nove terras. Aí a cisne suspirou profundo e disse: "Para que ir longe? Fica sabendo que o teu destino está próximo pois esta princesa sou eu. Aí, ela sacudiu as asas, voou sobre as ondas e baixando do alto sobre a margem foi para umas moitas, agitou-se, sacudiu-se, e numa princesa se transformou. Uma lua lhe brilha sob a trança e uma estrela cintila na fronte; ela é grandiosa e avança como um pavão; e quando fala é um riacho murmurando. O Príncipe abraça a Princesa, aperta-a contra o peito branco e a conduz, o quanto antes, para sua mãezinha querida. O Príncipe se atira a seus pés implorando: soberana querida! Escolhi para mim uma esposa, que será para ti uma filha obediente. Pedimos ambos autorização e a tua bênção: abençoa os teus filhos para que vivam em amor e concórdia. Sobre as suas cabeças submissas a mãe segura uma imagem milagrosa, verte lágrimas e diz: "Que Deus, meus filhos, vos recompense". O Príncipe não se preparou muito tempo e casou-se com a princesa; passaram a viver e viver e esperar o rebento.

O vento passeia sobre o mar e empurra o navio; ele corre sobre as ondas, de velas infladas, passando pela ilha abrupta e a grande cidade; os canhões atiram do cais, ordenam ao navio que atraque. Os hóspedes chegam à barreira. O Príncipe Guidon os convida. Dá-lhes de comer e de beber e manda que lhe respondam: "Com o que, meus hóspedes vós comerciais e para onde viajais agora?" Os do navio respondem: "Percorremos o mundo todo. Não comerciamos em vão com mercadoria imprópria: e temos ainda um caminho longo: para nossa terra, para o Oriente, passando pela Ilha de Buian, em direção ao reino do glorioso Saltan. O Príncipe lhes disse então: "Boa viagem meus senhores, pelo mar oceano à terra do glorioso Czar Saltan e lembrai ao vosso soberano: ele prometeu visitar-nos, e até agora não veio. Eu lhe envio a minha saudação". Os hóspedes puseram-se a caminho, e o Príncipe Guidon desta vez ficou em casa e não se afastou da mulher.

O vento ressoa alegre, o navio corre alegre, passando pela Ilha de Buian para o reino do glorioso Saltan, e o país conhecido já se vê ao longe. Eis que os hóspedes saíram para a margem. O Czar Saltan convida-os. Os hóspedes veem no palácio o Czar está sentado, de coroa. Enquanto isso, a tecelã e a cozinheira mais a casamenteira Babarikha ficam sentadas junto ao Czar e as três olham como se fossem quatro. O Czar Saltan faz os convidados sentarem-se à sua mesa e os interroga: "Ah meus senhores hóspedes, passastes muito tempo em viagem? Para onde? É bom além-mar ou não? E que maravilhas há no mundo?" Os do navio lhe respondem: "Percorremos o mundo todo; além-mar não se vive mal. E no mundo há o seguinte prodígio: há no mar uma ilha, nela se ergue uma cidade de igrejas com cúpulas de ouro, com jardins e casas ricas, um pinheiro cresce diante do palácio, e sob ele uma casa de cristal; nela vive um esquilo amestrado, e como é inventivo! O esquilo canta cançõezinhas e não pára de roer avelãs; e não são avelãs comuns, as cascas são de ouro e as amêndoas, esmeralda pura. Eles mimam o esquilo e o vigiam. Lá existe ainda outro prodígio: o mar se ergue tumultuoso, referve, levanta um rugido e se impele para a margem deserta e se espraia numa corrida veloz, e então se veem na margem, de cota de malha, abrasados, trinta e três paladinos. Todos belos e valorosos, jovens gigantes, todos iguais, como que escolhidos e com eles o aio Tchernomor. E não existe guarda mais fiel, nem mais valente ou aplicada. E o Príncipe tem uma jovem mulher da qual não se pode tirar os olhos: de dia, escurece a luz de Deus, de noite ilumina a terra; uma lua cintila sob a trança e na fronte lhe arde uma estrela. O Príncipe Guidon governa aquela cidade. Todos o glorificam empenhadamente; ele te envia uma saudação e tem uma queixa: 'Prometeu vir visitar-nos e até agora não veio'".

Neste momento, o Czar não se conteve mais e mandou que preparassem uma esquadra. E a tecelã com a cozinheira mais a casamenteira Babarikha não querem deixar o Czar visitar a ilha maravilhosa. Mas Saltan não as escuta, e pelo contrário replica: "Quem sou eu, um Czar ou uma criança?" Diz ele, a sério "– Hoje mesmo eu viajo! E fincou o pé. Saiu e bateu a porta".

Guidon está sentado à janela. Olha o mar em silêncio: este não ressoa, não espadana, mal e mal estremece. E na distância azul apareceram navios: pelos planuras do oceano avança a esquadra do Czar Saltan. O Príncipe Guidon se ergueu então de um salto. Gritou a plena voz: "Minha mãezinha querida, e tu jovem princesa! Olhai: meu paizinho vem para cá. A esquadra já se aproxima da ilha". O Príncipe Guidon dirige para lá a luneta: o Czar está parado no tombadilho e também os olha com luneta. Com ele estão a tecelã e a cozinheira mais a casamenteira Babarikha. Elas se espantam com o país desconhecido. Os canhões atiraram ao mesmo tempo; nos campanários bimbalharam os sinos; o próprio Guidon dirige-se à beira-mar; e ali ele recebe o Czar com a cozinheira e a tecelã e a casamenteira Babarikha; ele conduz o Czar à cidade, sem dizer palavra.

Todos agora vão ao palácio: junto ao portão brilham armaduras e aos olhos do Czar se mostram os trinta e três paladinos. Todos belos e jovens, uns gigantes valorosos, todos iguais, como que escolhidos e com eles o aio Tchernomor. O Czar entrou no amplo pátio: ali sob o alto pinheiro o esquilo canta uma cançãozinha, rói uma avelã de ouro, retira uma esmeralda e solta num saquinho; e o amplo pátio está coberto de cascas de ouro. Os hóspedes vão adiante, olham apressados e o que veem? A Princesa – um prodígio: Sob a trança cintila uma lua e na fronte arde uma estrela; e ela avança majestosa como um pavão e conduz a sua sogra. O Czar olha e reconhece... algo ardente nele se revolveu! "O que vejo, o que é isto, como assim?" E faltou-lhe o alento. O Czar se inundou de lágrimas. Ele abraça a Czarina, o filho e a jovem esposa, e todos se sentam à mesa e começam um alegre festim. Enquanto isto a tecelã e a cozinheira mais a casamenteira Babarkha dispersaram-se pelos cantos; e ali foram achadas, com muita dificuldade. Então elas confessaram tudo. Reconheceram a culpa, choraram aos soluços; e celebrando tamanha alegria, o Czar deixou as três voltarem para casa. O dia passou e deitaram o Czar Saltan para dormir, meio embriagado. Estive lá; bebi mel e cerveja e apenas molhei os bigodes.

O ROMANCE DO PRÍNCIPE GUIDON

Severino Milanês da Silva

SEVERINO MILANÊS DA SILVA
Proprietários: Filhos de José Bernardo da Silva

Romance do Príncipe Guidon
E O CISNE BRANCO

O PRÍNCIPE GUIDON

Num país da Russia Branca
um dia pela manhã
via-se um grande palácio
construido a talismã
pois era esse reinado
do grande Cesar Saltã

Um dia o Cesar Saltã
passeava ocultamente
observou tres donzelas
cada qual mais competente
discutindo opiniões
uma doutra diferente

Disse a princesa: se eu fôsse
esposa do soberano
pegaria um tear
tecia pra ele um pano
tão suave como a brisa
que sopra no oceano

Disse a segunda: se eu fôsse
dele a esposa fiel
preparava na cozinha
um tão saboroso mel
como das abelhas negras
fabricado no vergel

Cesarina era a mais jovem
e de mais educação
ouviu as suas irmãs
com muita satisfação
disse: eu agora tambem
dou a minha opinião

—2—

Disse: se eu fosse a esposa
daquele grande senhor
daria um filho a ele
tão lindo quanto uma flor
seria o maior guerreiro
um sabio legislador

O rei observou tudo
as tres donzelas chamou
botou uma na cozinha
outra no tear ficou
confiando nas promessas
com Cesarina casou

Pouco meses de casados
o Cesar viu-se em perigo
invadiram seu país
ele deixou seu abrigo
e foi defender o seu trono
das garras do inimigo

Ele chamou a esposa
firme, constante e leal
disse: eu vou para a guerra
voce zele o pessoal
eu preciso repelir
um inimigo fatal

Dê as ordens e zele o trono
como até hoje tem sido
ela osculou chorando
as faces de seu marido
confio em Deus, disse ele
que venço e não sou vencido

Ela lhe disse: estou gravida
guarde isto na lembrança
foi lhe entregando a espada
os arnêzes e uma lança
quando voltares encontras
uma mimosa criança

Ele abraçou a esposa
ruflou o tambor de guerra
ouviu-se o som do clarim
ecoar em toda serra
partiu com seu exercito
pra defender sua terra

As irmãs de Cesarina
tornaram-se infernais
por ver a irmã senhora
dos domicilios reais
mordiam-se de inveja
tinham-lhe odios fatais

Cesarina não conhecia
das irmãs a má vontade
vivia pra seu esposo
pedindo felicidade
tão limpa como a ciencia
tão pura quanto a verdade

Ela tratava as irmãs
como a mãe que abraça
o seu filhinho inocente
tão cheio de riso e graça
e elas sempre pensando
fazerem sua desgraça

(4)

Como de fato fizeram
porem Deus a protegeu
sempre para o inocente
Deus manda o auxilio seu
depois o leitor verá
tudo quanto sucedeu

Finalmente Cesarina
dera a luz a um menino
belo como um anjo louro
vindo do céu cristalino
era um pimpôlho importante
um sonho meigo e divino

Então as irmãs da mesma
foi quem pegaram a criança
nem siquer deram parte
ao povo da vizinhança
ali ambos combinaram
pra tomarem uma vingança

Ao mesmo tempo escreveram
com toda ortografia
uma carta para o Cesar
narrando a hora e o dia
entregaram ao correio
este de nada sabia

Dizia a carta: senhor
que grande infelicidade
Cesarina deu a luz
não teve felicidade
morreu ela e a criança
já estão na eternidade

(5)

Elas prepararam um liquido
com o favo de jati
qualquer que tomasse 1 gole
tinha que dormir ali
dez horas consecutivas
não dava acordo de si

Fabricaram mais um cofre
de mais forte segurança
o betumaram por hora
dando inicio a vingança
que dentro dele coubesse
Cesarina e a criança

Quando aprontaram o cofre
deram o liquido a Cesarina
justamente ela bebeu
que não pensava em ruina
sem saber que as irmãs
quisessem cortar-lhe a sina

Agarraram ela e o filho
trataram então de botar
dentro do cofre de cobre
sem ninguém desconfiar
em cima abriram um furo
jogaram dentro do mar

Prepararam um ataúde
de pensamento perjuro
botaram dentro uma ossada
previndo mais o futuro
com ataca de metal
para ficar bem seguro

Botaram o ataúde
numa sala rica e fina
na tampa tinha um letreiro
dizendo: a ordem combina
é proibido olhar-se
o corpo de Cesarina

Mandaram espalhar a noticia
por tôda côrte real
que Cesarina e o filho
tinham morrido afinal
já os sinos anunciavam
a hora do funeral

Assim fizeram o enterro
daquela velha ossada
e Cesar Saltã na guerra
numa batalha pesada
quando o correio entregou-lhe
uma carta enlutada

Ele recebeu a carta
o envelope rasgou
lendo as primeiras linhas
não pôde mais desmaiou
sentiu um choque tão grande
que a respiração faltou

Quando ele tornou a si
disse: meu Deus que horror!
não tive direito a ver
o fruto do meu amor
antes tivesse morrido
nas armas do contendor!

[7]

Tentou a suicidar-se
depois disse: isso é fraqueza
embora que alguém dissesse
confirmando esta certeza
que eu morri na batalha
em prol da minha defesa

Pegando a carta disse:
morrerei como nm heroi
uma cena como essa
dentro do coração dói
porem chegará o dia
que o mosmo tempo destrói

Para mim a existencia
agora é desconhecida
antes tivesse perdido
a guerra, o trono e a vida
do que ficar neste mundo
sem minha esposo querida

Com trinta dias depois
a guerra foi terminada
Saltã com o seu exercito
fez a sua retirada
para visitar o tumulo
da sua esposa adorada

As irmãs de Cesarina
o recebeu é verdade
tôdas cobertas de luto
chorando contra a vontade
porem notava-se nelas
o simbolo da falsidade

Ele misturou o pranto
com dolorosos gemidos
depois foi ao cemiterio
quase a perder os sentidos
beijou o tumulo e chorou
pelos seus entes queridos

Voltou entrou no seu quarto
lamentando a sua sina
beijou o retrato dela
sentindo uma dor ferina
parecendo ouvir a voz
da fala de Cesarina

Agora, caro leitor
vamos falar um momento
quando elas jogaram o cofre
sem terem arrependimento
nas águas do oceano
entregue a todo relento

O cofre bateu nas aguas
continuou flutuando
o braço da Providencia
tambem ia o ajudando
e o menino por força
e a graça ia aumentando

Cesarina despertou
naquela prisão escura
mas pelo furo do cofre
sentiu a temperatura
o rumor do oceano
e a brisa suave e pura

Cesarina já estava
coitadinha, quase morta
porem implorou a Deus
senhor, abre-me esta porta
só vosso divino auxilio
a minha alma conforta

Nisto o menino falou
dizendo: mamãe querida
não chore porque Jesus
socorre a alma perdida
breve nos mostra uma praia
embora desconhecida

Como de fato mostrou
que bem perto já estava
Netuno agitava o mar
Nereu tambem ajudava
até que arrojaram o cofre
nas praias do mar de Java

O cofre alcançou a praia
arenosa e expansiva
rolou-se de meio a meio
em uma pedra nativa
Cesarina viu o mundo
disse: meu Deus estarei viva?

A esse tempo o menino
já estava corpulento
que pelas graças de Deus
crescia a todo momento
disse: mamãe fique ai
que eu vou procurar alimento

[10]

De uma galha de carvalho
ele então conseguiu
formou desse pau um arco
disse: este me serviu
de um pedaço de bambu
fez uma flecha e seguiu

Saiu costeando um monte
com seu arco preparado
ali ouviu um sussurro
de quem estava aperreado
depois ouviu um lamento
que vinha do outro lado

Ele apressou mais os passos
viu um combate horroroso
um ave de rapina
de tamanho volumoso
lutando contra um cisne
cada qual mais furioso

O cisne lutava em vão
com a ave de rapina
ela cravava-lhe as garras
que estrondava a colina
o cisne se defendia
naquela luta ferina

O menino observou
aquela luta selvagem
davam tacadas um no outro
que acenavam a folhagem
o cisne se defendia
já lutando sem coragem

(11)

O menino viu que o cisne
estava muito cansado
agarrou o seu tacape
firmou-se desassombrado
meteu a flecha na ave
varou-a do outro lado

A ave fez um grosnado
e mergulhou no oceano
o cisne disse: garôto
eu tambem sou ente humano
tu defendeste uma fada
dum monstro horrendo, tirano

Aquela ave é um monstro
que sempre me adorava
e me transformou em cisne
porem ele me marcava
queria tirar-me a vida
porque eu não o amava

Porem ainda não é tempo
para ser desencantada
já que salvaste-me a vida
a ti não faltará mais nada
e tudo que precisares
dar-te-ei de mão beijada

Quando precisares de mim
me chame não se acanhe
eu agora me retiro
a paz de Deus te acompanhe
a noite já vem caindo
vai consolar tua mãe

Desapareceu o cisne
o garoto retirou-se
chegou na praia arenosa
com sua mãe abraçou-se
estava muito cansado
no colo dela deitou-se

Ambos dormiram tranquilos
um e outro ressonava
despertaram pelo som
dum sino que badalava
aquele som agradavel
no horizonte ecoava

O garoto levantou-se
do colo de Cesarina
disse: mamãe, venha ver
que maravilha divina
uma cidade importante
no planalto da colina

Era uma rica cidade
em diversos minaretes
avenidas colossais
salas ricas pra banquetes
passeios subdourados
com modernos gabinetes

Predios bem feitos modernos
igrejas via-se algumas
o oceano era belo
sacudiam as suas brumas
se espreguiçando na praia
deixando brancas espumas

(13)

Disse o garoto; mamãe
vamos naquela cidade
ver aquela maravilha
mandada da divindade
quero tirar o engano
se é mentira ou verdade

Seguiram através da praia
Cesarina e o menino
foram logo recebido
pelo som do mesmo sino
aquele que despertou-os
no silencio matutino

Zuava o som do clarim
erguia-se a multidão
reuniram-se as donzelas
fazendo recepção
se ouvia em toda cidade
gritos e exclamação

Cesarina admirou-se
quando viu uma donzela
a estrela da manhã
não tinha a beleza dela
dessas que na boniteza
Venus perdia pra ela

Viu mais ela dá ao filho
um anel essencial
colocando no seu dedo
dizendo: não tem rival
e plantou na sua cabeça
a corôa imperial

(14)

Pegou na mão do garoto
com um gesto apaixonado
disse: teu nome é Guidon
por mim serás batizado
pra governar este reino
que vive desamparado

Com a permissão de Deus
e a benção de Cesarina
governarás este reino
de linhagem rica e fina
com sapiencia e verdade
ordens leais e disciplina

Ficou Guidon sendo principe
de uma nação rica e nobre
era estimado do rico
e abraçado do pobre
são esses frutos de Deus
quem os merece descobre

Guidon sentou-se no trono
coberto de uma mantilha
olhou para o oceano
avistou uma frotilha
de cinco barcos veleiros
se aproximando da ilha

Nisso alcançou a praia
a frotilha mercantil
os marinheiros sorriam
vendo o céu côr de anil
e a cidade deslumbrante
cheia de belezas mil

—15—

Dobraram os sinos saudosos
em compaços bem medidos
os canhões na fortaleza
troavam desenvolvidos
saudando as boas vindas
dos barcos desconhecidos

Os marinheiros saltaram
em terra foram levados,
e pelo principe Guidon
foram eles todos saudados
em um dos melhores predios
foram os mesmos hospedados

O principe então perguntou:
calmo, brando e de persi:
qual é o carregamento
dos vossos barcos ali?
d'onde vinde pra onde vão
quando sairdes daqui?

--Nós viemos do outro lado
do mundo mais populoso
comprar peles de animais
para nosso rei bondoso
chama-se Cesar Saltã
de lá o mais poderoso

Os marinheiros acharam
tudo ali muito bom
o principe recomendou
falando com todo dom:
dêem lembraça ao vosso rei
que manda o principe Guidon

—16 —

A frotilha retirou-se
Guidon pôs-se a contemplar
aqueles barcos veleiros
era belo os ver singrar
enfunavam as suas velas
por forte brisa do mar

Até que não os viu mais
ainda acenou com a mão
retirou-se pensativo
para a sua habitação
sentiu que uma tristeza
atacou-lhe o coração

Nisto o Cisne chegou
disse: a paz seja contigo
porque estás assim triste?
estás vendo algum perigo?
disponha do Cisne Branco
e podes contar comigo

O principe lhe respondeu:
vou lhe dizer porque é
estou assim pensativo
não porque falte-me a fé
é por não ver o meu pai
nem saber ele quem é

Não tem que se aperrear
o Cisne lhe repetiu
espalhou as asas na água
uma neblina caiu
cobriu-lhe o corpo com gêlo
mas ele nem pressentiu

[17]

Transfromou se num mosquito
e pelo espaço voou
em um dos barcos veleiros
rapidamente entrou
a tripulação não viu
nem siquer desconfiou

A tripulação chegou
no seu antigo reinado
Cesar Saltã perguntou-lhe
com o rosto contristado:
o que foi que viram demais
no mundo desabitado?

Nós chegamos numa ilha
no meio tem uma serra
em cima é uma cidade
em baixo praça de guerra
foi a cidade mais rica
que já vimos nessa terra

—E quem é o governador
da grandiosa cidade?
—Ah! é o principe Guidon
a maior capacidade
mandou recomendação
para vossa majestade

Saltã se admirou
disse: breve eu seguirei
vou conhecer essa ilha
coisa que nunca pensei
e ver o principe Guidon
com ele conversarei

(18)

Então a irmã mais velho
disse ao rei com furor:
isto não é maravilha
que admirie ao senhor
admira a marinheiro
e não a um imperador

Maior maravilha eu vi
nos bosques da Palestina
na sombra de um pinheiro
na aragem matutina
um esquilo se banhando
no orvalho da campina

Depois do banho sentou-se
em um berço rico e louro
descascando maçãs de prata
partindo aveias de ouro
depois cantava canções
de som mais encantadouro

Issa sim, é maravilha
que causa admiração
deslumbra água e a vida
nos deixou em confusão;
Saltã ouviu a conversa
nem lhe prestava atenção

Guidon que era o mosquito
estava ouvindo e vendo
Cesar Saltã conversar
ele estava percebendo
e a irmã da sua mãe
o que estava dizendo

(19)

Guidon de nada sabia
daquilo que se passou
ouvindo a historia dela
muito se encolerizou
meteu-lhe as asas num olho
não teve jeito, vazou

Ela caiu da cadeira
soltando um medonho grito
olhava um para o outro
só viram mesmo 1 mosquito
e esse mesmo sumiu
na sombra do infinito

Quando o mosquito chegou
perto de sua mansão
retornou no mesmo princípe
tendo a mesma feição
não se notou diferença
na sua transformação

Quando ele chegou na ilha
olhou aquela paisagem
o cisne veio encontrá-lo
com sua rica plumagem
para dar-lhe as boas vindas
da sua feliz viagem

—Então vistes o teu pai?
o cisne lhe perguntou
o principe disse: eu vi
muito satisfeito estou
porem ouvi uma historia
que a mim impressionou

Ouvi meu pai perguntar
de pensamento ligado
porque foi que os marinheiros
tinham-se assim demorado
e o que viram demais
no mundo desabitado

Os marinheiros contaram
então qual foi o motivo
de tudo que tinha visto
cada qual o mais positivo
meu pai baixou a cabeça
ficou muito pensativo

Nisto veio uma donzela
com um tear pendurado
olhou para o rei e disse:
está todo impressionado
isto não é maravilha
que deixa um rei abismado

Mais maravilha eu vi
num bosque da Palestina
na sombra de um pinheiro
na aragem matutina
um esquilo se banhando
no orvalho da campina

Depois que tomou o banho
sentou-se num berço louro
descascando maçãs de prata
partindo aveias de ouro
depois cantava canção
de som mais encantadouro

—21—

O cisne disse: é verdade
quem lhe contou não mentiu
vamos que eu vou mostrar
o príncipe então seguiu
da forma que a tia disse
do mesm jeito ele viu

O principe viu o esquilo
no berço louro então
descascando maçãs de prata
na maior satisfação
partindo aveias de ouro
depois cantava a canção

Depois o principe Guidon
viu erguer-se uma cascata
o pinheiro transformou-se
num palacete de prata
a obra mais importante
que viu-se naquela data

Viu o principe uma donzela
num coreto de metal
sendo a que deu-lhe o anel
e a coroa imperial
era uma santa em pessoa
sem pecado original

O cisne disse ao principe:
já viu a realidade
o cisne seguiu com ele
deixou-o em sua cidade
dali desapareceu
deixando grande saudade

(22)

Tendo passado depois
o principe viu novamente
outra frotilha estrangeira
um torpedeiro na frente
hasteando a bandeira
das terras do Oriente

Guidon deu boas vindas
saudadando os tripulantes
depois perguntou a eles
em frases interessantes:
qual é o carregamento
de vossos barcos possantes?

Respondeu-lhe o comandante
num tom suave e bonito:
é com ouro da Fenicia
e tecidos do Egito
com esmeralda e topazio
perolas, safira, granito

Nós vamos para a Siberia
nosso país majestoso
vamos entregar as cargas
ao nosso rei glorioso
chama-se Cesar Saltã
que nos espera ansioso

A frotilha abriu as velas
e seguiu sem ter perigo
Guidon disse ao comandante:
a paz de Deus vá contigo
diz lá a Cesar Saltã
que Guidon é seu amigo

A frotilha retirou-se
Guidon tristonho ficou
lembrando-se de seu pai
o semblante demudou
nesta hora o cisne branco
então ao principe saudou

O cisne disse: oh! principe
te vejo sem alegria
tuas feições demudadas
a tua fronte sombria
dando sinal da pessoa
que sofre de noite e dia

Não cisne, é porque me vejo
num grandioso desejo
de visitar o meu pai
é isso o que eu almejo
mas as saudades são tantas
dos dias que não o vejo

O cisne bateu as asas
no mesmo instante se viu
o principe todo coberto
duma neve que caiu
transformou-se numa abelha
atrás dos barcos partiu

A abelha alcançou logo
a frotilha navegante
entrou num daqueles barcos
que ia mais adiante
foi esconder-se na fita
do gôrro do comandante

[24]

Quando a frotilha chegou
o rei sorriu de contente
perguntou ao comandante
como homem inteligente:
qual é a nova que traz
das terras do Oriente?

--Ah! nós vimos outra cidade
que eu nem sei informar
tem tantas belezas que
eu não as posso contar
não há grandeza no mundo
que possa a ela imitar

O rei ouviu a historia
disse: que coisa lindissima
isso só pertence a genio
de classe excelentissima
então quem governa lá
esta cidade riquissima?

Ah! é o principe Guidon
a quem nos deu bom abrigo
quando eu saí ele disse:
a paz de Deus vá contigo
mandou que eu lhe dissesse
que ele era seu amigo

A outra irmã de Cesarina
chegou nesta ocasião
disse: uma historia dessa
admira um aldeão
mas não admira um rei
senhor de uma nação

Cesar Saltã é senhor
de quatrilhões em dinheiro
brilhante, safira e perola
ele tem por desespero
não vai se admirar
com historia de marinheiro

O que pode admirar-lhe
é o que eu vou contar
duma donzela que vive
muito alem nesse lugar
das outras banda dos mares
essa faz admirar

É tão rica e tão formosa
igual o sol quando nasce
o maior principe do mundo
quando ver a sua face
se não gozar seu amor
deseja suicidar-se

Tem um olhar radiante
e um corpo delicado
um diadema de ouro
por um talismã cravado
até os raios do sol
perdem a beleza a seu lado

Ela tem uma meia-lua
de estrelas rodeada
forma um globo luminoso
na cabeleira alourada
ilumina o alvo seio
daquela virgem encantada

[26]

Guidon fingido em abelha
partiu com todo furor
por ver a tia atalhar
a vontade do senhor
meteu-lhe o ferrão na testa
ela caiu com uma dor

Zumbiu na cara do pai
como quem acariciava
depois tomou seu destino
enquanto a tia chorava
o cisne branco na ilha
ansioso lhe esperava

O cisne então perguntou-lhe:
agora estás consolado?
o principe respondeu: estou
mas triste por outro lado
porque ouvi uma historia
que deixou-me apaixonado

A historia é a seguinte
que existe uma donzela
no Reino do Horizonte
me apaixonei por ela
os meus dias estão contados
se não casar-me com ela

Tem uma estrela no colo
duma luz fosforescente
iluminando a beleza
daquele porte imponente
quem olhar para o seu rosto
tem que olhar novamente

(27)

Tem mais uma meia-lua
e um globo de metal
iluminando a beleza
de seu corpo escultural
como o sol da Noruega
na aurora boreal

Tem um disco de esmeralda
deslumbrando o seu clarão
quem olhar para o seu rosto
sente no seu coração
como quem não tem mais vida
vencido pela paixão

Então, será certo, cisne
que existe essa raridade?
se existir vai mostrar-me
por vossa dignidade
se não termino meus dias
na maior fatalidade

Mostre embora obrigue-me
eu lutar com mais de cem
e percorrer quarenta reinos
daqueles de mais além
do contrario morrerei
sem ter amado a ninguem

Disse o cisne: eu conheço
não é tão longe daqui
inda hoje passei lá
conversei com ela e vi
a donzela de quem falas
está muito perto de ti

Bateu com asas na agua
cobriu-se duma neblina
transformou-se numa donzela
parecendo a luz divina
rasgando a tela da noite
enlaçada na cortina

Guidon ficou como 1 sonho
quando viu a boniteza
fitou para ele e disse
revoltando a natureza:
não há pintor neste mundo
que pinte tua beleza

Guidon abraçou-a e disse:
ah! que santa criatura
entrelaçada no véu
duma virgem santa e pura
o que tive de amargo
tenho agora da doçura

Quando ele abraçou a jovem
o mundo ficou escuro
apareceu um gigante
dizendo: principe perjuro
com qual ordem voce mancha
a virgem do meu futuro?

—Beijei-a porque é minha
não quero satisfação
suma-se de minha vista
não quero ouvir- discussão
se está magoado com isso
vá morrer do coração

[29]

O gigante rangiu os dentes
empunhou a sua espada
Guidon pegou o alfange
deu-lhe uma cutilada
o gigante rebateu-a
desta vez não sofreu nada

Disse Guidon: eu jurei
pela honra da donzela
a lutar com cem gigantes
pra gozar o amor dela
não tem este nem aquele
vindo a mim se desmantela

Disse o gigante: esta virgem
não pode ser maculada
e partiram de frente a frente
na luta desesperada
parecia o arremesso
duma nação reminada

Disse o gigante: voce
hoje fica sepultado
tenho tres metros de altura
na luta sou traquejado
disse Guidon: nada disso
faz eu ficar assombrado

Disse Guidon: não discuto
com tipo marca cacête
marcou-lhe o ombro direito
só atingiu o colete
o golpe foi tão terrivel
que tirou-lhe o capacete

— 30 —

Rolavam pedras no meio
com as espadas de aço
saía raios de fogo
acinzentando o espaço
pareciam dois guerreiros
lutando num canhanaço

A donzela ajoelhou-se
disse: oh! Deus celestial
mandai teus braços em defesa
neste momento fatal
para defender Guidon
da furia deste animal

O principe olhou a donzela
assim mesmo inda sorriu
pegou o gigante em cheio
deu-lhe um golpe ele caiu
deu-lhe um soquete na cara
que a ossada rangiu

O gigante rolou por terra
em cima de sangue quente
a donzela beijou a fronte
daquele principe valente
subiram para o seu trono
casaram rapidamente

Com quinze dias depois
que Guidon tinha casado
recebeu um telegrama
que Saltã tinha mandado
que vinha o visitar
e conhecer seu reinado

(31]

Até que chegou o dia
e raiou no oceano
a esquadra de Saltã
ele ainda no engano
sem saber que vinha ver
o seu filho soberano

Guidon recebe seu pai
beijando a sua mão
apresentou-lhe a esposa
cheio de tal comoção
mas não deu-se a conhecer
nem siquer demonstração

Guidon chamou Cesarina
idosa mais era bela
com os trajes de rainha
parecia uma donzela
Guidon perguntou ao rei:
conheces quem é aquela?

Disse o rei: é Cesarina
sentiu um choque profundo
ou é o espirito dela?
creio que não me confundo
ou então eu já morri
estou aqui no outro mundo

Disse Guidon: sou seu filho
bote-me a benção sagrada
ele abençoou o filho
e a sua mãe honrada
disse: agora eu vou saber
quem me fez essa cilada

[32]

O rei chamou as cunhadas
elas ali desmaiaram
a consciencia acusou-as
o que fizeram contaram
e nos pés da Cesarina
chorando se ajoelharam

Disse o rei: vão enforcá-las
disse Guidon: não senhor
elas serão perdoadas
seja por qual meio for
porque se não fosse ela
eu não seria imperador

Se mamãe estivesse morta
eu não teria a benção
papai não tinha esposa
e eu não tinha brazão
por este justo motivo
ela merece o perdão

Cesarina perdoou
das irmãs a crueldade
o rei perdoou tambem
embora contra a vontade
Guidon abraçou o seu pai
e deu graça a divindade

Cesar Saltã retirou-se
depois de tudo vencido
Guidon ali ficou sendo
imperador destemido
e Cesarina pagou
o que tinha prometido

F I M — Juazeiro 07/10/74

Tip. São Francisco

José Bernardo da Silva

Rua Sta. Luzia, 263 - Juazeiro do Norte - Ce

AGENTE

EDSON PINTO DA SILVA
Mercado S. José - Compartimento N. 1
Recife — Pernambuco

BENEDITO ANTONIO DE MATOS
Café S. Miguel, dentro do Mercado Central — Fortaleza — Ceará

Exclusivo em Natal
ANTONIO EMÍDIO DA SILVA
Rua Cel. Estêvam, 1826 - Natal R G

Exclusivo para todo o Pará
RAIMUNDO OLIVEIRA
Mercado de Ferro Aparador, 26
Belém — Pará

SEVERINO JOSÉ DOS SANTOS
Rua Eng. Paulo Lopes, 695 - Lote 4
Bangu — Rio — GB

JOÃO SEVERO DA SILVA
Trav. Dr. Carvalho, 70
58305 — Bayeux — Paraiba

— ANTONIO ALVES DA SILVA —
Rua Clodoaldo de Freitas, 707
Terezina — Piauí

Algumas traduções e adaptações[1]

■ *The Tale of the Tsar Saltan of His Son the Famous and Puissant Champion Prince Guidon and the Lovely Swan Princess*. English version by James Reeves. London. Dent & Sons, 1969, pict by Jan Lebis, 111 p.

A tradução em verso, rimada, começa assim:

ONCE upon a time three maids
Sat spinning 'midst the evening shades.
Suddenly one of them cried
" Oh, if I were Empress I'd
Prepare for all the world a feast
Of all those dishes I like best."
" Nay, nay," came her sister's voice,
" Making feasts is not my choice,
Were I Empress, I believe
I should finest linen weave."
Thereupon the third maid's voice
Rejoined, " Nay, weaving's not my choice,
I would bear the Tsar a son
To follow him upon the Throne."

Trecho da tradução inglesa.

---

1. O levantamento é uma amostra que preferimos deixar em suas línguas originais.

THE TALE OF
THE TSAR SALTAN
OF HIS SON
THE FAMOUS AND PUISSANT
CHAMPION PRINCE GVIDON
AND OF THE LOVELY
SWAN PRINCESS

A Princesa Cisne. Ilustração dessa edição.

■ *The Tale of Tsar Saltan – His Son, the Famous and Valiant Knight Prince Guidon Saltanovitch and the Beautiful Queen-Swan*. In: Alexander Puchkin. *The Russian Wonderland: A Metrical Translation by Boris Brasol*. New York, The Paisley Press, 1936, 62 p.

Traz uma introdução de Clarence A. Manning. No prefácio a autora diz que a tradução é para dar ao público inglês a oportunidade de ler Púschkin, em sua mais esplêndida expressão.

> Three fair sisters, young and bright
> Near theyr window spun,one night
> Said one maid: I truly mean
> If I only were a queen
> For the people, bear and strange
> Gorgeous feasts I would arrange

■ *The Tale of Tsar Saltan, of His Son, Renowned and Mighty Prince Guidon Saltanovich, and of the Fairest Princess Swan*[2].

> Three young maidens sat one night
> Spinning in the window-bight.
> "If I were the Tsar's elected,"
> One of these young maids reflected,
> "I would spread a festive board
> For all children of the Lord".
> "If I were the Tsar's elected",
> Her young sister interjected,
> "I'd weave linen cloth to spare
> For all people everywhere".
> "Had I been the Tsar's elected",

---

2. Alexander Pushkin, *Collected Narrative and Lyrical Poetry*, translated by Walter Arndt, Michigan, 1989, pp. 373-398.

The Tale of Tsar Saltan, his Son the Mighty Hero Gwidon and the Beautiful Princess Swan

Título da edição inglesa.

Said the third, "I'd have expected
Soon to bear our father Tsar
A young hero famed afar".

- *El Cuento del Zsar Saltan, de su Hijo Príncipe Guidon, Famoso y Fuerte, y de la Hermosa Zarevna Leded (Cisne)*. In: Olga de Wolkonsky, *Alejandro Puchkin, su Vida y su Obra*. Buenos Ayres, Ed. Claridad, 1947.

Versão em prosa. Trata-se de recontar o poema de Púschkin, sintetizando o conto. Há uma espécie de precipitação narrativa e a autora procura se apropriar daquilo que lhe parece ser o ritmo de Púschkin.

Três muchachas hilan junto a la ventana. La primera dice que si llegara a ser zarina prepararian sus próprias manos un festin, para el mundo entero, la segunda que tejeria lino para el mundo entero, y la tercera, que daria al czar un hijo paladín.

A autora resume mais uma vez, quando traduz em verso e insere no texto em prosa:

Dio a luz la zarina por la noche
No se sabe si ni'nao varón
Ni ratoncito, ni ranita
Sino un animal desconocido...

- *Conte du Tsar Saltan et de Son Fils le Glorieux et Puissant Prince Guidon Saltanovich et de sa Belle Princesse Cygne* mis en français par Claude Anet, illustré et orné par Natalia Goncharova. Paris, Ed. De la Sirene, 1921.

Trata-se de um livro raro encontrado no acervo da British Library. A folha inteira em sua dobradura, como nos folhetos de cordel. Livro terminado em 25 de maio de 1921. Texto impresso por Louis

Kaldoras, edição restrita a 599 exemplares, colorida a mão, ateliês Marty.

Nesta edição artesanal, observamos o requinte com que a artista russa segue a aproximação ao poema de Púschkin. Nesse caso a tradição e o inovado se reúnem e o que possibilita a amplitude desta operação é o texto do grande poeta, a partir da escuta do conto popular que começa assim:

> Trois jeunes filles sous la fenêtre fillaient tard dans la soirée
>
> Si j'étais Tsaritsa, dit une d'elles, je preparerais un festin moi me pour le monde entier.... Si j'étais tsaritsa dit la troisieme soeur, j'enfanterais un héros......
>
> A peine a –telle eu le temps de parler, la porte grince doucement et dans la chambre entre le Tzar, seigneur du pays.

E em passagem bem adiantada no relato: "Le vent gaiment souffle. Lê navire gaiment fuit, passant l'Ile de Bouyane, vers le royaume du glorieux Saltan".

- *Two Fairy Tales by Alexander Pusckin*. English version by T.H Pantcheff. Illustrations by Neshumoff. London, the Owl Press, 1947, 58 pp. First edition.

- *The Tale of Tsar Saltan, His Son and the Mighty Hero Gwidon and the Beautiful Princess Swan*. Trata-se de uma edição em verso e bem popularizante.

- PUCHKIN, Alexander. *Oeuvres Poétiques* publiés par Efim Etkind. Paris, L'Age d'Homme, 1981, 2 vols.

- *Conte du Roi Tsaltan, du Preux Chevalier Guidon Saltanovich, son Fils Prince Glorieux et Puissant et de la Belle Princesse Cygne.*

Começa assim:

> Trois belles en devisant
> Filaient un soir de printemps
> Si j'etais la souveraine
> Dit l'une qu'on se souvienne
> A tout le
> monde chrétien
> Je donnerais un festin

> Le vent court vagabonde
> Un vaisseau vague sur l'onde
> Et toutes voiles dehors
> Il va cinglant vers le port

■ *Contes de Puchkin Racontés en Prose.* Milano, Fabbri, 1963, "Le tsar Saltan". Faz parte de uma coletânea que se chama *Les grands livres merveilleux.*

Traz belas ilustrações e apresenta um texto muito floreado.
Como se pode ver:

> Il était une fois trois soeurs qui vivaient dans une jolie maisonette aux fenêtres toujours fleuries. Souvent aux heures les plus chaudes de l'eté elles s'installaient dans le jardin et bavardaient gaiemen ...

Há um trabalho estilizador e popularizante do texto. Uma intromissão de outras camadas de linguagem e de representação. "La nuit vint. Les étoiles, scintilaient dans le ciel, la lune répandit une lumière douce", que também se encontra em edições italianas, a exemplo de Alexander Puchkin, *Favola dello Zar Saltan, di Suo Figlio il Glorioso e Possente Príncipe e Cavaliere Saltanovitc e della Principessa Cigno.* Raccontato da Alessandra Pellizone, Milano, Enéas, 1973.

Ilustração de uma edição inglesa.

Trata-se da ênfase ao acessório, diluindo o essencial das formas centrais e dando ao ato narrativo uma ênfase maior.

E a edição em italiano é um convite à descoberta de muitas outras.

■ PUCHKIN, Alexander. *Favola dello Zar Saltan, di Suo Figlio il Glorioso e Possente Príncipe e Cavaliere Saltanovitc e della Principessa Cigno.* Raccontato da Alessandra Pellizone, Milano, Enéas, 1973.

3

RISO E INTERDIÇÃO: A PRINCESA QUE NÃO RIA

> "O riso se semantiza como
> um novo esplendor do sol,
> como o nascimento solar"[1]

A força da fábula e do rito: presença no Brasil

esta de Laranjeiras, ciclo de Reis. No centro da cidade encontro o poeta e folheteiro João Firmino de Paula. Perguntado sobre a vida e a então recente morte de seu pai adotivo, o poeta sergipano Manoel de Almeida Filho, um dos mais perfeitos poetas populares de todos os tempos de nossa literatura popular, ele nos responde: – Morreu, deixando um folheto que tinha acabado de escrever. – Que folheto? Indago. – *A Princesa Que Não Ria*. Perdi o fôlego. Há mistérios que não se explicam.

Há muitos anos venho pensando no desafio desta organização mitopoética que, espalhada pelo mundo em tantas possibilidades, é ela mesma uma resposta universal a dar conta de ancestralidades que se fazem concretas e presentes. Constrói-se em seu conjunto um trançado de relações interpessoais, que recupera razões cosmológicas e vitais ligadas à natureza, seus ritos e ritmos, e suas condições e formas de expressar.

Há uma rede de histórias[2] em que a proposta central é fazer a princesa rir, a princesa de cara triste que é oferecida a um homem

---

1. Olga Freidenberg, citada por Vladímir Propp em *Edipo alla Luce del Folclore*, Torino, Einaudi, 1975.
2. Cf. Aarne & Thompson, *Motiv Index of Folk Tale*, Indiana, Indiana University Press, 6 vols., tipos n. 571-574.

que a faça rir. O "herói" que, a princípio, parece impróprio para tal façanha, vai realizá-la, através de situações absurdas: com a ajuda de animais agradecidos; de objetos mágicos; de uma flauta ou pífano mágico. O desafio maior é o de buscar os aparelhos que revertam tal situação.

A *Princesa Que Não Ria* é um conto que consta da coletânea feita na Rússia por A. N. Afanássiev[3], em que, depois de uma introdução moralizante, se lê:

Nos palácios reais, nos aposentos principescos de uma alta edificação, ostentava toda a sua beleza a princesa Niesmejana. Vida, liberdade, luxo, tudo o que a alma quisesse, no entanto, ela nunca sorria nem ria, como se o coração não se alegrasse com coisa alguma. Era amargo para o czar ver a sua filha tristonha. Abre o seu palácio real para todos que desejassem ver seus hóspedes, contando que se alegrasse a princesa que não ria. Quem conseguisse a teria como esposa.

De toda parte acorria gente, príncipes herdeiros e fidalgos guerreiros e paisanos: "Começaram os festins, o mel correu mas a princesa não ria".

Na outra extremidade, vivia em seu cantinho um trabalhador honesto, de manhã limpava o pátio, à noite tangia o gado e não parava de trabalhar. O patrão, um homem rico e justo não o prejudicava no pagamento. Terminado o ano, ele pôs na mesa um saco de dinheiro.

– Toma, quanto tu queiras e saiu pela porta.

Ele escolheu apenas um dinheirinho, apertou-o num punhado e pensou em tomar água. O trabalhador acerca-se da mesa e pensa: – Como não pecar perante Deus e não apanhar algo a mais?

Trabalhador honesto. Inclinou-se sobre um poço e o seu dinheirinho foi para o fundo. Pobretão, ficou sem nada. "Tudo é Deus que manda." A um ele provê de dinheiro e ao outro ele tira seus últimos pertences.

Outro em seu lugar teria chorado e se abatido de tristeza cruzando os braços mas ele não.

---

3. Cf. A. N. Afanássiev, *Contos Populares Russos*, Moscou, Literatura, 1976. Edição abreviada dos contos reunidos por Afanássiev, em 3 volumes. Tradução de Boris Schnaiderman.

Pelo visto eu fiz mal, trabalhei pouco, agora vou ser mais esforçado. E voltou ao trabalho e em suas mãos cada tarefa ardia em fogo!

Terminou o prazo, passou mais um ano, e o patrão põe mais um saco de dinheiro sobre a mesa.

– Toma, diz ele, quanto a tua alma deseja! Encaminhou-se à porta e saiu. O trabalhador pensa em não irritar a Deus e não abocanha demasiado.

Pegou um dinheirinho, foi beber água e sem querer soltou-o das mãos; o dinheiro caiu no poço e submergiu.

Ao trazer aqui a fábula da *Princesa Que Não Ria*, começamos pela inquietude que nos traz o *que não*. Contamos com a alteração de um estado que se transformou numa espécie de desastre: que não ria reforça a noção do ter deixado de rir, estar privado de uma característica que é condição do humano, em situação de expansão e extravasamento de energias, de consagração do corpo à vida. Há uma relação de contiguidade com o pranto, e muitas vezes resvala-se para limites tênues, passagem contínua de um estado a outro (muito frequente, por exemplo, nos casos de enamoramento). O riso, grau mais aberto do sorriso, composto de outros componentes, inquieto em sua complexidade é a afirmação da existência em plenitude, podendo envolver dimensões religiosas e cósmicas, encarnar a sexualidade em seus cometimentos. Portanto, e também, deverá apontar para a transgressão e subversão de comportamentos sujeitos a controle.

Prevê-se pois uma contra-ação, a de não rir, sujeito alguém à cólera ou à repressão contínua, e no caso da princesa sua condição de segregada e submetida à autoridade paterna. O não rir se constitui nos limites da interdição e da recusa, entre o bloqueio e a capacidade de rompê-lo, oferecendo-se possibilidades de sufocação ou de um respiradouro.

Do ponto de vista social, o riso é estratificado, hierarquizado, recebe estímulos ou sanções que o confinam ou gradatizam e, em dimensão cosmológica, liga-se aos ritos e à celebração, à alegria orgiástica e incontida que pode explodir em gargalhada, à renovação do universo e da natureza. Enfim o riso, que em sua diversidade é muito mais complexo do que possa parecer, em alguns casos, refugia-se nas classes populares, como queria Bakhtin[4]. Mesmo aí há situações que o fazem retroceder, como também ocorre nas diversas transgressões por parte dos muitos grupos sociais, apesar de limitações constantes dos diversos aparelhos de censura, ideológica, religiosa, interpessoal etc.

Daí a importância a ser dada ao *que não*, no caso do riso da princesa, servindo ao caso os comentários de Freud[5]. Ele nos diz que a afirmação – como substituto da união – pertence a Eros e a negativa, como sucessor de expulsão, pertence ao instinto da destruição. A negativa para ele teria dotado o pensar de uma primeira medida de liberdade das consequências da repressão, e com isso traria uma compulsão do princípio do prazer. A vida, portanto, nesse caso está no riso que irrompe, a ordem do mundo será o riso da princesa, correspondendo ao estado de morte o deixar de rir. São numerosos os "mitos" de devorados e rejeitados pelo devorador, como é o caso de Jonas e a Baleia, permitindo-nos avançar na hipótese[6] de que, enquanto a permanência da morte era acompanhada da proibição de rir, o retorno à vida se fazia sempre acompanhar do riso.

Há significâncias rituais e religiosas ligadas aos atos de rir ou à suspensão do riso, confirmando-se condições propiciadas, interdição ou mesmo atos de proibição. Na Rússia antiga, não se poderia rir na casa da Baba Yaga e, no conto de encantamento, proíbe-se o riso no percurso ao mundo da morte e quando de seu retorno:

---

4. Mikhail Bakhtin, *A Cultura Popular na Idade Média e no Renascimento*, São Paulo, Hucitec, 1987.
5. S. Freud, *Obras Completas*, "Ensaio Sobre a Negação", 1925 e também o famoso ensaio sobre o chiste.
6. Vladimir Propp, *Les Fêtes Agraires Russes*, Paris, Maisonneuve & Larose, 1987. Cf. ainda *Comicidade e Riso*, São Paulo, Ática, 1992.

"É proibido rir no reino da morte, pois rindo o indivíduo se revela vivo"[7]. Contam-se ainda nesses casos com as proibições de falar, comer, olhar. Na medida em que são envolvidas forças vitais assentadas na corporeidade, seria o riso atribuído ao diabo, às forças demoníacas e, em certo sentido, entrópicas – pertencentes ao plano da desordem. Não consta que Jesus risse. Apesar de ser esta uma questão posterior de interpretação. Feliciana Gonzaga, uma mulher do sertão baiano, se dirigia à filha, mandando-a guardar os dentes e fechar a boca "que parece sonfonha de cego", referência metonímica a um teclado sempre em ação e, simbolicamente, ao pouco preço de um oferecimento, atitude que se configura num provérbio como "muito riso é sinal de pouco siso".

Encontramos, em Caio Plínio Segundo[8], que Crassus, o avô de Crassus nunca ria e, consequentemente foi chamado de Agelastus, pois Ghelos era o Deus do riso entre os romanos e Risus, venerado como um Deus, e que Sócrates sempre usou o mesmo olhar de contenção, não se mostrando nunca alegre ou perturbado. Esta colocação parece nos indicar que a filosofia e o pensar são sisudos, do mesmo modo que, em várias teorizações, remete-se o universo popular para o contrário disso, ao domínio da comunicação emotiva, enquanto o "civilizado" tem por modelo o controle social da emoção.

Os poderes totalitários tentam, em seus princípios, expulsar o riso, sobretudo o descomedido e inoportuno, pois este trazendo a troça instala a subversão.

Daí ter tido tanta força, em imagem aparecida na televisão, um comentário chistoso do então presidente russo Boris Yeltsin sobre a imprensa norte-americana, e os frouxos de riso que provocou no presidente americano Bill Clinton. A situação é reveladora do ab-

---

7. Cf. também Vladimir Propp, "Il Riso Rituale nel Folclore, a Proposito della Fiaba di Nesmejana", *Edipo alla Luce del Folclore*, Torino, Einaudi, 1975.
8. Plínio (Caio Plínio Segundo) (29-79), *Natural History*, Cambridge, Harvard University Press, 1989, vol. II.

surdo de situações anteriores, parodiando-se a "guerra fria", em seus registros solenes, e apontando para o *nonsense* e para esta nova cena, em que os mercados e a mídia realizam tantas guerras cotidianas.

Em seu conjunto de ensaios, o etnólogo Vladimir Propp[9] insiste na riqueza do tema – *A Princesa Que Não Ria*: Nesmejana, *nie smir* – não rir, princesa que contém o desastre em seu próprio nome.

Ele foi o primeiro a nos falar dela. Seu pai promete-a como esposa a quem a fizesse rir.

Confirmam-se aí três possibilidades: o protagonista atua com ajudantes mágicos ou traz animais encobertos. Diante da janela da princesa, o ato de revolver um pedaço de lama, de bosta ou outra porcaria provoca o riso. É também e ainda Freud que nos fala do impulso do riso diante do estranho, do susto, do não habitual, em seu estudo sobre o chiste. Aqui no caso o "anti-herói" pode possuir uma tabiquinha, oca de ouro à qual todos vão ficando presos. O espetáculo também faz rir. Ele possui um pífano mágico e ao som deste faz dançar diante das janelas da princesa três porquinhos. Está sempre presente a relação do tema com porcos, porcaria etc. Parece mesmo confirmar-se um grupo de situações que compõem a grande malha de histórias da *Princesa Que Não Ria* ou *que não fala* (chegando a esta pelo riso) e um elenco de estratégias possíveis para fazê-la rir.

É Aurelio Espinosa[10] que nos apresenta, no caso da tradição hispânica, a presença deste conto especial, oferecendo-nos versões em que o peido grande e forte é a mola da reversão:

"Sos tu la que no ris? Y tiró um pedo muy grande y mui fuerte y después tiró otros seguidos. Y le dió a la princesa tanta risa que ya no podia hablar". Apresenta-nos o autor a importância do *crepitus ventris* como provocação do riso. Constata-se um forte componente escatológico e mesmo coprológico, em muitas des-

---

9. Cf. os vários ensaios citados em que o etnólogo persegue o tema da *Princesa Que Não Ria*.
10. Aurelio Espinosa, *Cuentos Populares Españoles*, Madrid, CSIC, 1946.

sas histórias, numa espécie de marcação permanente. Em versões baianas[11], a princesa se diz "com o cu pegando fogo", ou suspira, "ai que fogo! ai que fogo!" Nesse universo comparecem excrementos, vômitos e até vermes.

Sabemos que entre a malha da história como um grande texto virtual e a realização concreta de cada performance interferem muitas possibilidades expressivas, e vários segmentos se agregam, componentes de um repertório pessoal e da dicção que reconstrói a memória em situação, recriando-se a memória social de grupos em suas adaptações. Algo assim como ocorre com o estranho e misterioso repertório dos palhaços e sua atuação performática e sempre inauguradora do riso. Há, de fato, situações de contar que estão sujeitas a vários códigos, inclusive aos da improvisação, àquilo que a situação em presença propicia e que as circunstâncias facultam.

Lembra-nos Bogatyrev[12] que os rituais são uma encruzilhada de dinamismos, em que as muitas possibilidades se vão realizando. Estamos também atentos para a existência de uma espécie de "reserva universal do riso", composta de ritos, crenças, fábulas e jogos, que a ele se ligam. O que não se descarta é a sua força erótica e vivificadora.

Segundo a mitologia grega, Psiquê teria nascido de um riso de alegria. Durante o nascimento, ri-se a deusa do parto, a mãe ou a gestante, a jovem que renasce simbolicamente e ainda ri a divindade que cria o mundo.

Os antigos iacutos veneravam a deusa dos nascimentos, Ieksit. Esta deusa visita as mulheres que estão para dar à luz e as ajuda, no momento do parto, rindo alto. Assim é que o riso era obrigatório nas cerimônias de iniciação, quando sobrevinha a maturidade

---

11. Por exemplo, em "A Princesa Que Não Falava", versão narrada por Francisco Sales, 64 anos, Feira de Santana/BA, 2.12.1989.

12. Bogatyrev Bogatyrev, *Actes, Rites et Croyances dans la Russie Subcarphatique*, Paris, Champion, 1929.

sexual, acompanhando o novo nascimento simbólico do iniciado[13]. Isto nos leva a compreender a presença de elementos de parto e nascimento, em versões recolhidas hoje na Bahia. Ri a princesa por ver "João preguiçoso?"[14], o herói, montado num feixe de lenha; e ele se dirige a ela dizendo: – "Fica aí, putinha descarada, tomara que amanhã tu amanheça parida".

Durante algum tempo foi atribuída ao riso a capacidade de não apenas elevar as "forças vitais", mas a de despertá-las. Caberia a ele suscitar a vida, tanto no que se refere aos seres humanos como à natureza vegetal.

Ligada ao mito grego de Deméter e Perséfone aprisionada por Hades, de fato a princesa Nesmejana ou aquela que não ria se prende a segmentos de situações do riso ritual posto em prática e se relaciona à magia do riso. Deméter é a deusa da fertilidade (sem esposo!) e Hades, rei do Inferno, rapta Perséfone, sua filha, como se expressa na maravilhosa cantata de Stravinsky. A deusa sai em busca da filha e, não conseguindo encontrá-la, fecha-se em sua própria dor, e para de rir. Devido à dor, a deusa da fecundidade interrompe na terra o crescimento das ervas e dos cereais. Mas, em tempo propício, a serva Jamba faz um gesto obsceno e com isso faz a deusa rir. Com este riso, a natureza volta a viver sobre a terra e retorna então a primavera.

É preciso levar em conta o substrato agrário, que persiste na propiciação ou na interdição do riso e perpassa a organização dos princípios imaginários[15]. Na integração dos opostos, aparentemente mais incompatíveis, está a faculdade de suscitar a vida vegetal. Há a transposição de características humanas e da estrutura social para a natureza. A terra é pensada aí como um organismo femini-

13. Vladimir Propp, *Comicidade e Riso*, São Paulo, Ática, 1992.
14. "A Princesa Que Não Sorria e João Preguiçoso". Narrada por Constança Alves, natural de Imbassaí Pequeno – Mata de São João/BA. Porto Sauípe – Entre Rios/BA. 2.6.1994.
15. Jerusa Pires Ferreira, *Armadilhas da Memória e Outros Ensaios*, Cotia, Ateliê Editorial, 2004.

no, basta ver o desnudamento das espigas de milho e a denominação de "boneca" para a espiga ainda fechada, e com longos cabelos.

Ligadas sim ao mito de Deméter e também a ritos agrários, cuja ancestralidade recua aos começos do mundo e das culturas, as histórias da Princesa que não ri continuam a nos chegar.

Riso é também transmissão e fertilização, e aí não estranharemos que os "contra-sinais" revertam a desordem desalojando o *que não* e conduzindo a integração do cosmos à sua plenitude, o social à sua correção, a princesa a seu destino mais pleno.

Um dos nossos propósitos é mostrar como um motivo universal persiste no mundo e nos alcança ainda hoje. Questionamos por que ele se torna um tema de inquietação, importante e semanticamente construtivo para continuar vivendo nesta rede infinita de fabulação e de narração. Os códigos primários e secundários em suas relações vão propiciar os mecanismos adaptativos. Pensando sobre interdições, numa constelação de possibilidades é impossível deixar de trazer as reversões ou os contrassinais.

Neste trabalho, estabelecem-se alguns elos entre o comportamento humano, integração à natureza e as relações humanas na vida social.

Abrem-se algumas vias que levam para áreas relacionadas, tentando esclarecer alguns processos da tradição em seu trânsito permanente: o elemento obsceno relacionado ao sagrado, a contiguidade do grotesco como nos mostrou Aron Gurévitch[16], a presença de uma correção social e cósmica do mundo, integradas.

O pobre homem que pertence a outros segmentos da vida social certamente deverá, ao casar-se com a princesa, devolver-lhe uma plenitude corporal, cosmogônica e física que vai responder também pela sociabilidade.

O tema do riso na Rússia antiga é infinito e suscitou muitos trabalhos: livros, artigos, teorias.

---

16. Aron Gurévitch, *La Culture Populaire au Moyen Âge*, Paris, Aubier, 1992.

Passamos a nos mover num campo dentro do qual cada aspecto pode propiciar a elucidação de elementos antropológicos, etnológicos, literários, contando também com uma certa compreensão do que pode significar uma Culturologia, como nos indica Iuri Lotman[17].

Em seu texto central sobre a Princesa, Vladimir Propp buscava inserir sua reflexão insistente sobre o social. Ora, a reversão do estatuto do herói configura aquele que vai ser o emissário da vida, numa clara interferência do cósmico sobre a vida social.

Em seu estudo sobre as *Festas Agrárias Russas*[18], ele associa opondo mas aproximando também a morte ao riso e comenta que a tristeza representada neste teatro traz um aspecto de paródia e de farsa que desemboca muitas vezes numa explosão de alegria.

Mas sabemos que está em causa a natureza do rir e do riso, em diversidade e parâmetros bem complexos. Assim, o riso sardônico, o impiedoso ou de troça, e ainda situações que merecem, por sua vez, explicações diversas. O riso sobre as tumbas ou aquele diante do absurdo de certas situações. Em *As Lágrimsa de Eros*[19], Georges Bataille nos diz que é à interdição que cabe dar ao riso um valor próprio quando o sentido religioso, alternado à alegria, lhe confere uma dimensão de erotismo. Faz parte do princípio religioso opor atos culpáveis a atos interditos. A transgressão quando da festa, responde, por seu aspecto divino.

Os contrassinais e a caracterização do herói

Lembremos que o chiste é uma categoria diferente do cômico e que o tipo de cômico mais presente e mais próximo do chiste é a repre-

---

17. Iuri Lotman e Boris Uspenski, *Tipologia della Cultura*, Milano, Bompiani, 1975.
18. Vladimir Propp, *Les Fêtes Agraires Russes*, Paris, Maisonneuve & Larose, 1987.
19. Georges Bataille, *Les Larmes d' Eros*, Paris, Jean-Jacques Pauvert. Col. 10/18.

sentação do ingênuo. Leva-se então a zero o valor da censura. A ideia de que há no chiste uma categoria fundamental que se condensa ou desloca como uma espécie de proto-humor caberá bem no itinerário de nossos achados e constatações.

E passamos então a saber que neste confronto de tipos e de possibilidades sociais que o riso vem da diferença. É do confronto de diferenças que nasce o estranhamento que pode resultar num relaxamento de tensões e na liberação de restrições de vária ordem. Temos ainda a ideia do deslocamento de energias psíquicas. Primeiro, em razão da surpresa provocada. O prazer desse *nonsense* seria uma viagem à aurora da sensibilidade.

Veja como se dá a formação de uma espécie de caricatura frequente na situação cômica dessas histórias de princesa, em que se alternam o besta, o amarelo, o preguiçoso.

A noção do prazer cômico aparece em primeira instância como descoberta involuntária, derivada das diferentes relações humanas. No caso da Princesa, é também cômico o conflito entre classes, o confronto de hábitos, o estranho, o desconforme, o desigual, aquilo que não faz parte do próprio sistema de representações possíveis e previstas.

É o imprevisível social que faz um par com o previsível, no quadro narratológico. E entre situações cômicas elencadas por Freud, o disfarce, o desmascaramento, a paródia, o travestimento aqui se fazem observar.

Entre os *Contos Populares Espanhóis*[20], recolhidos por Aurelio Espinosa, encontramos o curioso título *O Tonto e a Princesa*, e neste caso, trata-se daquela princesa que não ria nunca. Aí se estabelecem e firmam noções de tempo e de duração.

Neste conto se arma uma espécie de diálogo que vai de pedidos e negações teatralizadas que vêm a compor com o desnudamento pretendido do corpo da princesa em sequências que nos levam do seu

20. Aurelio Espinosa, *Cuentos Populares Españoles*, Madrid, csic, 1946.

dedo do pé ao joelho. E como resultado, terminam os protagonistas, opostos em tudo, deitando juntos e dizendo ao rei que teriam de casar-se. Foi assim registrado, numa versão de Sevilha[21], em que se casou Joanillo com a princesa.

Em outra versão da mesma coletânea, a princesa senta e almoça junto com o seu pretendente:

– Pois, vamos cear e almoçar duas coisas: sopas e grão-de-bico.

E a princesa continuava séria, como estivesse olhando para ela e rindo-se, ele lhe disse:

– Sai daí, vá à merda! – E se vai.

E ela lhe diz:

– Bom, à merda eu vou; e se cagando estais te trarei um urinol.

– És um tonto e não sabes falar com as pessoas.

– *Oye, sos tú la que no te ris?*

E ela muito séria lhe disse para troçar dele:

– Sabes que por não descobrir-te eu não te quero.

Aí temos claramente a presença forte e teatralizante do diálogo, e da palavra como ocupação de rivais, também no jogo erótico e obscenamente agressivo, de tão grande importância, como nos lembra Victor Turner, em *O Processo Ritual*[22].

Numa relação conjugada comparece aí então o tema da mentira, o da magia e do herói canhestro que traz um saco de mentiras, entabulando-se toda uma discussão entre o que é verdade e mentira.

E este "herói" popular tira a camisa da princesa e leva ao rei como prova de verdade do fato de ter estado com ela.

Há ainda casos em que o rei promete a sua filha em matrimônio para aquele que a faça rir, mas em outros para o que conte a mentira maior. Mas é geralmente e de fato um desconhecido que pode-

21. Aurelio Espinosa, *Cuentos Populares Españoles*, Madrid, csic, 1946, pp. 451-456.
22. *O Processo Ritual: Estrutura e Antiestrutura*, Petrópolis, Vozes, 1974.

rá fazer rir a princesa, a Nesmejana que vem de todas as partes, a da Rússia e a nossa.

Na preciosa coletânea de Aurelio Espinosa acima referida há um mapeamento complexo de versões através do mundo: gregas, eslavas, italianas, espanholas, da América, brasileiras etc. Em versão pernambucana recolhida por Roberto Benjamin[23], a princesa que não sorria trazia uma cara sem riso, era a própria Princesa Sisuda de que nos fala Câmara Cascudo num título de um dos contos que recolheu em *Antologia*:

> Ela tinha uma cara de pau! Cara dura pra não sorrir pra ninguém". [...] O rei ria. A rainha ria. Tudinho ria. Ria beleza! Mas ela não. Ela lá em cima no terceiro andar... lá em cima, somente ficava de ver... pra ver...

É preciso levar em conta que o pretendente que não a fizesse rir seria morto na hora, que seria cortado o seu pescoço. Em mecanismo adaptativo comparece a localização nordestina.

> [...] Quando passou na frente... taim-taim-taim. Chegou na casa d'um sinhô de engenho...[24]

Mas não falta também aí o habitual universo das fezes e da defecação. O cocô seco e a mexida dos ovos.

O riso sempre dito, pronunciado sonoramente como cá-cá-cá-cá. As músicas que queria pra tocar.

> Ai vei as banda de música. Quando ele tocou uma, disse que ela correu o véu (a princesa velada?) assim nela e não disse nada. Quando ele tocou a outra,

---

23. Manoel de Melo Ferreira, Gravatá (São Severino dos Macacos), 10.6.1989. Recolhida por Roberto Benjamin. AT 571.

24. Trecho de versão pernambucana, recolhida por Roberto Benjamin.

ela fez *boca de sorrir*. Ela largou pra lá, foi pegar outra banda pra tocar. Quando ele tocou a outra música, que puxou o toque, ela: " – Cá-cá-cá-cá!"[25]

Há muitas possíveis incursões, leituras e apelos interpretativos quanto ao desempenho do riso da princesa, e a cessação que implica o "desastre".

Muitas possíveis incursões, leituras e ângulos interpretativos se oferecem sobre o desempenho do riso da princesa e da cassação desastrosa a este riso, e também ao incentivo para sua instalação.

O interessante é constatar como o tema, seu entorno, contorno, antecedentes, vão ganhando uma força sem par no universo das culturas populares.

Por isso que a princesa Nesmejana, o riso e a sua falta, passam pela obra do grande etnólogo e pensador da cultura Vladimir Propp.

Esta presença lida de várias maneiras, como o foi por outros pensadores russos, teria sido a via do possível, da vida e da luz oferecida na instalação de seus ritos e no alcance das tramas sociais e culturais. Nos ensaios reunidos em *Édipo à Luz do Folclore*[26] a princesa se oferece e apresenta no capítulo responsável pela detonação deste texto: "A princesa que não ria". Questões, ambientes, protótipos e personagens que passam pelo sagrado e pelo profano, o riso pascal, o riso na igreja e também em seus vínculos fortemente mitologizados.

Em *Comicidade e Riso*[27], ao estudar referências e procedimentos, a presença de Ceres e sua filha Perséfone as atuações atribuídas ao nascimento em sua ampla rede de personagens coadjuvantes.

---

25. Trecho de versão baiana. Narrada por Maria Pereira dos Santos, 76 anos, natural de Riacho de Sacutiaba-Vanderlei-BA. Barra, 30.I.1996.
26. Vladimir Propp, *Édipo à Luz do Folclore*, Vega, 1980.
27. *Comicidade e Riso*, São Paulo, Ática, 1992.

Na *Morfologia do Conto*[28] e nas *Raízes Históricas do Conto Popular*[29] quando se buscam e completam sincronias e diacronias, princípios estruturais do mito e considerações sobre historicidades, não faltam ambientes, cenários e situações em que a princesa venha a ter o seu espaço teatro.

E finalmente nas *Festas Agrárias Russas* quando o riso e o terreno da morte se imiscuem, completam ou se confrontam. Nesta aproximação parece que Vladimir Propp recorre e percorre um conjunto de sua obra na conciliação possível entre presente e um passado mitológico. Aqui e ali escondido ou claro, no subsolo ou na explosão, delineia-se o território da princesa que local ou universalmente um dia poderá voltar a rir.

---

28. *Morfologia do Conto Maravilhoso*, Rio de Janeiro, Forense Universitária, 2006.
29. *As Raízes Históricas do Conto Maravilhoso*, São Paulo, Martins Fontes, 1997.

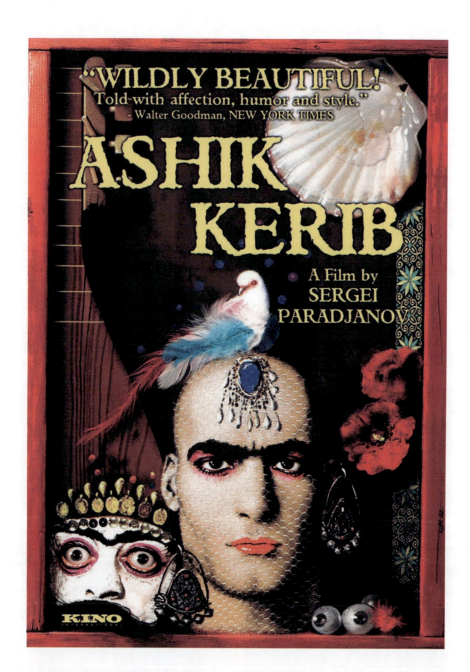

Cartaz do filme O *Trovador Kerib*.

## 4

NOTAS SOBRE O TROVADOR KERIB

O FILME DE PARADJÁNOV E AS AFINIDADES SERTANEJAS

uma de suas últimas entrevistas, o cineasta Andrei Tar-kóvski, quando perguntado sobre o seu filme *O Sacrifício*, e diante das muitas interpretações filosóficas que ele sus-citou, respondeu que o filme era sobretudo um ritual. Em todos os sentidos, da organização dos tempos e dos objetos ao pró-prio espaço de sagração. Há em sua obra a criação deste ritual, que não se parece com coisa alguma, e que é em si mesmo a defesa per-manente dos direitos do artista, a demarcação das possibilidades de liberdade do criador.

Serguei Paradjánov[1], georgiano e de família armênia, não pôde filmar durante muitos anos, teve suas obras impedidas de serem vis-tas e no entanto surgiu para o mundo, como uma das grandes reve-lações do cinema contemporâneo.

O Trovador Kerib de Paradjánov foi um filme que na Mostra Internacional de Cinema de São Paulo em 1989 foi pouco aprecia-do pela crítica e pelo público, voltando depois a ser exibido em 1990, em circuito corrente, com mais ampla aceitação. Ele nos revela o sur-preendente do universo do Cáucaso e representa uma atitude que, ao mesmo tempo, recupera e valoriza elementos regionais e étni-cos, projetando-os numa dimensão universal. Seu desenvolvimen-to segue um certo padrão da narratologia oriental, numa sequência

1. Preso, acusado de homossexualismo e de câmbio negro durante anos, representa ele pró-prio os impasses vividos por um criador, sob condição de censura e controle.

de quadros encadeados provenientes de um tempo longo, dirigin-do-se a uma memória inalcançável. Assim, foi também o caso ante-cedente da belíssima *Lenda da Fortaleza de Suram*[2] e depois o atur-didor *A Cor da Romã*[3].

O relato do trovador pobre, Achik-Kerib, em peregrinação, se-gundo matriz do conto popular, é o do herói que parte, para depois recuperar e restabelecer valores, e é também o do cineasta em exí-lio, que vai buscar do lado de fora a consagração negada, aquilo que não tinha encontrado entre os seus.

Estão aí bem representados o tema do "exílio", grande eixo do sé-culo xx em sua história de intensas deslocações populacionais, as grandes migrações por motivos os mais diversos. Aqui, a partir do conflito social que na história do trovador pobretão se transforma em impasse amoroso e requer serviço ou vassalagem a ser cumpri-da. É o "périplo", a andança purificadora de caráter religioso, que se realiza numa sequência de pequenos ritos, e na composição de qua-dros visuais muitos sugestivos.

O filme se desenrola levando a tradição popular ao grau mais aberto de sua elaboração estética; faz da estilização e do ritual em si mesmo o pilar mais firme do processo construtivo. Os elementos visuais, as danças da Geórgia, as cores, os sons, as formas são leva-dos às últimas consequências no processo estilizador, o que se con-trapõe nitidamente às formas pasteurizadas e "folclóricas" de apre-sentações populares, que encontram tão boa acolhida no gosto das instituições oficiais e do grande público em geral.

Enquanto procedimento de criação, trata-se de algo que pode en-contrar paralelo em propostas do Movimento Armorial do Recife, no Brasil, guardadas naturalmente as profundas diferenças. Basta, porém, que se ouça a estilização da música oriental do filme, para que se tenha uma ideia dessa proximidade.

2. Rússia, 1984.
3. Rússia, 1968.

Há situações que nos passam o índice direto dos processos, a dança simétrica, os mantos e manejos, as pinturas faciais etc. Algumas situações em que se expõem claramente os índices da emblematização, para além das danças, são o jocoso e a representação dramática.

Um conto no Cáucaso

O interessante é que nos estudos sobre literatura popular brasileira se classificam como histórias de herói-casal aquelas que muitas vezes perfazem um esquema temático e estrutural semelhante à do trovador Kerib.

A história obedece a um esquema narrativo corrente na literatura popular, e se encontra em muitas versões recolhidas na tradição oral dos povos do Cáucaso. Espalha-se também entre os povos da Ásia Menor e não seria arriscado dizer que deve estar presente na Índia, segundo se encontra nas notas que compõem o volume onde o conto está publicado[4], conhecendo-se algumas variantes georgianas, um conto armênio, histórias turquemenas e uzbeques. É também popular entre os turcos, sendo que a versão azerbaidjana é conhecida em muitas variantes, não sendo fora de propósito afirmar que terá seguido a própria rota do Islã. Uma narrativa em trânsito.

Quanto às histórias brasileiras deste tipo, elas perfazem um esquema semelhante a esta do trovador Kerib; há o herói pobre de um grande número de contos sobre vaqueiros, boiadeiros, jardineiros e mesmo heróis sem profissão, que se apaixonam pela filha do poderoso fazendeiro ou "coronel" de terras; é expulso, se autoexila para enriquecer, passa a peregrinar e depois de enfrentar todos os obstáculos, volta da peregrinação. Com a ajuda de auxiliar mágico, santo

4. M. I. Lérmontov, *Obras Reunidas*, Leningrado, 1981, t. IV.

ou alguma participação especial, consegue entrar, vencer o poderoso e casar com a filha. Estabelece os princípios de justiça e perdoa seus agressores. Casa com a heroína, princesa ou filha do coronel, tendo lugar na sequência do folheto a grande festa da boda. Em alguns relatos, casa algum membro de sua família com o anti-herói, então converso e agora ao seu lado. A boda é o álibi, é o fato que faz convergir tudo ao redor, e é nela que se realizam todos os projetos e virtudes esperadas. É para ali que aflui uma espécie de projeto regenerador, em que os humildes possam ter o seu lugar, e a narrativa se encarrega de corrigir o social, fazendo o pobre rapaz se casar com a filha do poderoso.

A versão de Lérmontov[5]

O conto, em anotação[6] de Lérmontov, que não chegou a uma elaboração final, é datado de 1837, durante a permanência do escritor no Cáucaso, e segundo pude saber por nota explicativa, está próximo da variante azerbaidjana, anotada por um folclorista em 1944. Tem também bastante a ver com uma variante georgiana, recolhida em 1930, e que se deve à fonte azerbaidjana, pois a parte em versos é transmitida nesta língua. Lérmontov, o grande poeta russo chamou seu conto de turco, mesmo porque entre os povos do Cáucaso era chamada de turca a língua do Azerbaidjão. Em seu texto, porém, segundo se aponta, ocorre uma grande quantidade de elementos lin-

---

5. Conto traduzido do russo por Boris Schnaiderman, a partir de: M. I. Lérmontov, *Obras Reunidas*, Leningrado, 1981, t. IV, pp. 175-182.
6. Entende-se por anotação a recolha de materiais da tradição popular. Hoje se fala em recolha, gravação em cassete e vídeo e até transcrição. Deve-se levar em conta que há sempre uma interferência no texto, e que os antigos "anotadores" trabalhavam nele, passando elementos de seu estilo e de seu código cultural, do mesmo modo que a "edição" confere a marca de quem faz e como é feita. O texto oral está sempre apto a ser captado e transformado por quem o capta.

guísticos: árabes, armênios, iranianos, e naturalmente a riqueza do manejo que supera e ultrapassa qualquer fórmula.

Aliás, acompanhando a extraordinária experiência ficcional que é *O Herói de Nosso Tempo*[7] de Lérmontov, vai-se ao encontro da descrição das paragens, que se cumprem em narrativas orais caucasianas. Há alguns elos entre o tratamento dado ao material recolhido da tradição, o conto do trovador Kerib, na versão deste poeta, e algumas passagens do romance. Em ambos, o encantamento pelo Cáucaso e a estilização da paisagem:

> Rodas de estrelas formavam lindos bordados no longínquo horizonte e se apagavam uma após outra, à medida que o brilho frouxo do nascente se derramava pela abóboda lilás escura do céu, iluminando pouco os declives abruptos das montanhas, cobertos de neve virgem. De ambos os lados enegreciam sombrios e misteriosos abismos, enquanto a neblina, redemoinhando e enroscando-se como serpente, escorregava pelas rugas dos penhascos vizinhos, como que sentindo e temendo as aproximações do dia[8].

Conto e filme

O texto que serviu de base para o filme não foi exatamente o de Lérmontov, embora este possa ter servido para as muitas transformações introduzidas. Há de se ter em conta que o cineasta devia conhecer outras versões populares, tão correntes em sua região e que, além delas, há o fator criatividade, a tradução do relato oral/escrito para a linguagem cinematográfica e ainda uma espécie de conhecimento poético que interfere, criando sempre a situação mais adequada.

7. Ver M. I. Lérmontov, *O Herói do Nosso Tempo*, tradução de Paulo Bezerra, Rio de Janeiro, Guanabara, 1988.
8. *Idem.*

PEREGRINAÇÃO

Quem vem à terra de outrem...

O exílio é o percurso purificador que prepara o serviço amoroso. E a peregrinação do herói, embora seja individual, é religiosa, e tem um sentido profundo em relação à comunidade.

Aí o exílio se confunde com a peregrinação, vista sempre como um símbolo religioso, que aponta para situações míticas mas que representa, ao mesmo tempo, no exercício das qualidades do indivíduo e sua capacidade de sacrifício, a superação do social para a posterior integração. O herói decide partir, para voltar vencedor, devendo por isso suportar privações e sacrifícios, e ser depois resgatado pela força de sua própria coragem ou do milagre.

Estão em causa, simultaneamente, o universo popular ligado à matriz mítica e ao aspecto formular da narrativa épica[9], concentrando elementos pagãos e muito arcaicos, que se vêm reunir aos do universo muçulmano do Cáucaso.

Durante os passados sete dias eu comi no mesmo prato, bebi no mesmo copo e dormi na mesma cama, rezando ao mesmo Deus[10].

A peregrinação de Kerib é a do herói em caminho, em serviço amoroso e busca de riqueza, mas é também a do religioso à procura de unidade, integração e compatibilidade do sagrado e do profano. Embora se reúna ao tema do auto-exílio, a viagem para achar fortuna está presente em muitos contos populares asiáticos e europeus[11]. Costuma aí contar, enquanto efeito narrativo, o som das moedas tilintando, o bri-

9. Ver sobre o ato de traição como pivô central, Eugene Dorfman, *The Narreme in the Medieval Romance-Epic*, Toronto University Press, 1969.
10. *Idem.*
11. Cf. *Motif-Index of Folk Literature*, Indiana, Indiana University Press, 1956, 6 vols. (motivo 460 B).

lho das joias etc. Um dos objetos que tem maior relevo é, por exemplo, o saco de moedas ou de pedras que se transformam em diamantes.

Assim que nestes relatos comparece sempre o gesto traidor. Previa-se então que o trovador Kerib sofresse a felonia e o engano do traidor Kurchud-Bek, como parte de um rito propiciatório e de expiação, cumprindo o componente indispensável do modelo épico, como se dá nos *Cantares do Mio Cid* ou na *Chanson de Roland*.

Há uma sucessão de provas que envolvem vida e morte do herói e prenunciam o milagre do santo. É ele que o vai devolver à comunidade, reintegrando-o depois de mais apto, o que confirmaria de fato a necessidade da peregrinação.

É preciso que se lembre que a *Hadj* ou peregrinação a Meca é o quinto dos pilares do Islã, é uma viagem obrigatória para todo muçulmano, homem ou mulher que tenha alcançado a puberdade e as peregrinações no mundo islâmico dão origem a uma rica literatura de viagens e mesmo de desastres.

O trovador Kerib, em seu percurso, a partir do texto que se mostra no filme de Paradjánov, depara com algumas situações bem próprias:

+ Encontra piedosos que o acolhem e vestem.
+ Situa-se no rastro de uma caravana, recolhendo brinquedos e objetos.
+ Assiste ao poeta que vai morrer, pranteia-o e enterra-o com as próprias mãos. Esta cena, que não consta do conto habitualmente, presta-se no filme ao desenvolvimento da alusão ao artista incompreendido.
+ Participa do banquete ritual de cegos que, aliás, não consta também da versão de Lérmontov. Aí se desenvolve ao máximo a estilização das formas rituais, o espetáculo, em que predomina o vermelho em todo seu esplendor e exuberância.

Aliás, a peregrinação é mostrada sempre como duplicidade, entre o ato voluntário e uma espécie de predestinação ou promessa feita[12]. Ela representa um símbolo amplificado do dilema escolha *versus* obrigação no corpo da ordem social, em que prevalece o *status*. E assim ela se confirma como um estado liminar, que vai mais longe do que os ritos de iniciação. No conto do trovador Kerib estão presentes todos os sacrifícios, provas e desastres que depois são compensados pela vitória. Aliás, no clássico *Os Ritos de Passagem*[13], Van Gennep demonstrou que muitos tipos de ritual têm alguns estágios claros que tornam relativa a questão do tempo em sua duração, significando diferentemente de acordo com as culturas envolvidas. Oferece-nos um esquema ritual que vale a pena lembrar porque ele se cumpre nos estágios narrativos do conto do trovador Kerib: separação – o herói parte; margem ou límen – perambula; reagregação – retorno.

O momento da peregrinação ou o estado de liminaridade representa, a princípio, a negação de muitas características da estrutura social preliminar, que não é eliminada mas é radicalmente simplificada. Como no estágio primeiro dos ritos de iniciação, o ator-peregrino se confronta com a sequência de objetos sagrados e participa de atividades simbólicas, que acredita eficazes para provocar mudanças. Ele espera mesmo por milagres e transformações, tanto da alma como do corpo, numa espécie de predestinação à penitência.

Observamos claramente como nas versões do conto se desenvolve tudo isso, principalmente, se mantivermos na memória as sequências do filme.

A peregrinação põe em causa todo um estado de coisas, em níveis do pessoal e do social, e a sugestão de novas possibilidades se faz concretamente. Há também a noção de que se libera o individual daquilo que é apenas obrigatório e se evidencia, apesar do imperativo de escolher, a capacidade para a livre-escolha.

---

12. Victor Turner, "Pilgrimage as Social Process", *Dramas, Fields, and Metaphors*, Ithaca, Cornell University Press, 1974.
13. Cf. o clássico Arnold van Gennep, *The Rites of Passage*, Chicago, 1972.

Consta ainda do relato, a introdução de um tempo visionário e religioso, que é um tempo-parte da peregrinação e do milagre. Inauguram-se outras distâncias e outra relação tempo-espaço, tanto que o herói ousa até esquecer dos prazos que teria para realizar esta ou aquela tarefa. O lapso, o esquecimento, que seria desastroso, dão lugar então ao milagre ou à renovação. Assim, a viagem repentina e prodigiosa do trovador, no cavalo que voa, fazendo o impossível realizar-se, como em algumas narrativas de princesas nos folhetos de cordel. O cavalo é sempre celeste, nas mais antigas mitologias, enquanto o boi aponta para forças ctônicas[14], como se costuma atribuir.

O peregrino é objeto e resultado do milagre, tanto que numa das passagens é salvo pelas crianças.

Aliás, referindo-se ao mundo medieval e suas categorias de tempo e espaço, diz-nos Aaron Gourévitch[15] que os santos particularmente são capazes de percursos extraordinários. E conta-se que o próprio Abelardo realizava a façanha de ir de Roma à Babilônia em uma hora. A dimensão espacial está também conjugada ao milagre, obtendo sempre um grande efeito na recepção do conto.

O SANTO SALVADOR — KHADRILHEZ — SÃO JORGE

Num artigo modelar, "Hizir, Ilias, Hidrillez: Os Mestres do Tempo, o Tempo dos Homens"[16], mostra-nos o autor que Hidrillez (ou Khadrilhez) é a denominação que associa os nomes Hizir (Al Kadir – o verdejante) e Ilias (Elias), que ocupam um importante lugar na profetologia muçulmana. Segundo a lenda, eles viajam no céu empíreo, durante todo o ano, realizando diversos prodígios. Hizir so-

---

14. Ver "Cheval céleste et bovin chtonien", Hommage a Peter Naili Boratav, em *Quand le Crible était dans la paille*, Paris, Maisonneuve et Larose, 1978, pp. 37-63. Importante coletânea de estudos sobre o mundo túrquico.

15. Aaron Gourévitch, *Les Catégories de la Culture Médievale*, Paris, Gallimard, 1983.

16. Altan Gokalp, "Hizir, Ilyas, Hidrillez: les maitres du temps, le temps des hommes", *Quand le Crible était dands la paille*, Paris, Maisonneuve et Larose, 1978, pp. 211-230.

bre os mares, Ilias sobre a terra; e se encontram na noite de 5 a 6 de maio no alto de uma montanha. Têm por traço comum a renovação da natureza, a esperança de sua plenitude e de fecundidade, a abundância de alimentos e de bens, o desaparecimento de várias formas de infelicidade biológica. Diz também o autor que a riqueza simbólica e a grande diversidade de traços culturais, em que se fundam os rituais de Khadrilhez, contrastam com o laconismo do Alcorão que trata as personagens em separado, ao contrário da tradição popular, que não pode conceber um sem o outro. Khadrilhez é, portanto, e desde sempre, uma invocação mista, simbolizando a festa da primavera, assim como dá conta de um sistema de mitos que se arruma em torno do calendário lunissolar.

O autor estuda os ritos do ponto de vista da astronomia com muita precisão, assim como a questão dos calendários, concluindo finalmente que no calendário popular anatólio são estes atributos bem como as lendas de Elias e Hizir, que permitem a ancoragem do sistema religioso do Islã. Mas o autor nos fala também de mitos autóctones com diferentes entradas na área cultural considerada[17]. Assim aparecem não apenas outros panteões mas o par São Jorge/ São Demétrio, reunindo-se ainda à conjunção Deméter-Perséfone.

Elias, tão presente na poesia popular (há um ciclo de narrativas que incluem a Bíblia), está, portanto, assentado no corpo desta invocação a Khadrilhez ou Khadrilhaz.

A mais interessante é, conforme nos diz o autor, a tradição dos Achik (trovadores) da Anatólia na qual o poeta, ao terminar de cantar o seu poema, introduz a fórmula "Nosso mestre Hizir-Khadrilhez é aquele que faz possível a minha arte".

O conto popular que nos transmite a história do Achik-Kerib parece não omitir em nenhum momento esta função do santo – propiciador da arte e do amor.

---

17. Um especialista em cultura islâmica e cultura árabe em geral poderá avançar bastante neste território de práticas, costumes e lendas.

Ao nos passar a sua versão cinematográfica, Serguei Paradjánov tinha plena consciência disso e procurou tirar efeitos desta rede de relações sincréticas e dos laços que ligam as celebrações: a fertilidade, o amor, o casamento, a arte para além das dimensões do social.

Do mesmo modo a personagem Köragli, onipresente nos contos do mundo turco, segundo Baratáv, serve constantemente de ponto de encontro das invariantes das lendas que concernem a Hizir-Elias (Khadrilhez e Enoch): beber a água das fontes da vida, as provas da paciência, os milagres aquáticos, a fonte divina da imortalidade, da coragem e dos talentos do poeta.

Khadrilhez, que no conto do trovador Kerib não é apenas o eixo do milagre mas o suporte de toda a trama, constitui o limiar de uma transição, é um mediador privilegiado entre a vida da comunidade e o registro do divino. Há muitas dimensões materiais e espirituais na evocação desse santo, que aparece no relato de Paradjánov, como a síntese das sínteses – um indispensável elemento integrador entre arte e vida, o esperado São Jorge, guerreiro e salvador, sempre pronto a aparecer em terras que receberiam o seu nome.

A GEOGRAFIA

Apesar da inscrição do relato em tempos e espaços sacralizados, como, por exemplo, quando se observa a força das montanhas sagradas[18], aqui não se fala concretamente de santuários ou de acontecimentos histórico-religiosos. Um acompanhamento da *geografia do conto* nos confirma que não estamos diante de um périplo visionário, mas de um roteiro de importantes cidades do percurso comercial do concreto mundo islâmico.

---

18. Altan Gokalp, "Le Culte des arbres et des montagnes dans le Tales", *Quand le Crible était dands la paille*, Paris, Maisonneuve et Larose, 1978, pp. 96-104.

Cabe lembrar aqui a formulação de Antonio Candido sobre *Grande Sertão: Veredas* de Guimarães Rosa:"A geografia desliza para o símbolo e o mistério, apesar de sua rigorosa precisão"[19].

Aqui, estas cidades "reais" nos colocam diante do milagre, e por sua vez é o milagre que, no universo narrativo, nos coloca diante delas. Anulam-se então tempos e espaços, e nos são apresentados, simultaneamente, torres e minaretes, o brilho das muralhas! Somos conduzidos pelo cavalo voador, o cavalo branco de São Jorge, pagão, muçulmano e cristão, acionado sempre contra o dragão da maldade.

Percorrendo os mapas e as descrições das cidades islâmicas vamos tendo, ao mesmo tempo, situações "reais" e imaginárias, mas pode-se sobretudo acompanhar a área de circulação deste conto, a viagem de Achik em sua prova. Lá estão assentadas e grafadas Khalaf (Alepo), Arzinhan (Erzincan), Arzenin, Arzerun (que fica na Armênia) e Kars (cidade da Turquia, perto da fronteira da Armênia)[20].

O conto não se desenrola num espaço "ideal", mas em espaços mistos que têm a configuração geográfica e religiosa de toda uma área cultural. Ele vai se retirando do corpo do mito, da paisagem "natural" e faz-se da estilização a sua verdadeira medida ontológica e narrativa.

O filme, como o canto, em certos momentos se serve de tudo isso ao modo de uma história de proveito e exemplo, e desde a urdidura inicial nele está inscrito o fatalismo islâmico. É Deus que dá a riqueza a um e a pobreza a outro, fatos que, no entanto, podem ser revertidos, como se viu, pela peregrinação individual que insere o indivíduo na dimensão religiosa e moral do grupo a que pertence. Mas é a vontade de Deus (Alá/São Jorge) que garante o retorno, a integração e a correção daquilo que antes estava "errado". No filme há mesmo o desígnio de pensar esta civilização do Cáucaso como uma compatibili-

---

19. Ver "Jagunços Mineiros: de Cláudio a Guimarães Rosa", *Vários Escritos*, São Paulo, Duas Cidades, 1970, p. 147.
20. André Miguel, *O Islame e a sua Civilização – Séculos VII-XX*, Lisboa, Cosmos, 1971, p. 57.

zação de crenças[21]: pagãs, islâmicas, cristãs, numa convivência que é, em si, conflituosa e nada harmônica mas que, de uma ou outra maneira, terminam por se reunir, formando uma entidade própria e definindo um modo de ser cultural.

Daí que, a cada passo, o cineasta procura evidenciar a mistura religiosa, identificando o "serviço amoroso" ao ritual. Ele trabalha plasticamente, conseguindo construir e nos mostrar verdadeiros retábulos, como as tomadas e planos em que Magul-Maguéri, a jovem amada, transpassada de dor, com um punhal na mão, à espera de seu herói ou da morte, nos traz a perfeita representação visual de Nossa Senhora das Dores. Há uma iconicização intensa. O milagre, ao se dar, traz consigo a mistura musical mais extremada como solução. A música oriental e as composições orientalizantes se fazem fundir ao motivo insistente da Ave Maria.

Esse processo vai alternando, em crescendo, ornatos e emblemas muçulmanos e cristãos. Assim, é muito oriental a profusão de vasos, pavões, quadros, dos tijolos e do azul em todas as gradações. Também a marca dos relevos e dos ornatos, mostras da infinita variedade e riqueza ornamental da arquitetura islâmica.

Os eixos cromáticos se concentram no azul, no negro e no vermelho, cores fortemente rituais. Na guerra, no canto ou na dança eles se realizam em plenitude. O Achug (mendigo) que é também Achik (trovador), chegando à corte do paxá, deverá cantar sobre tapetes vermelhos. Essa tapeçaria é mostrada em seu grande esplendor

---

21. Quando de visita à Geórgia, em 1987, observamos em Tbilisi que jovens estudantes universitários, integrados na vida citadina, procuravam esmagar e elidir a marca islâmica, a força dessa cultura. A própria cultura hegemônica tentou sempre sufocar os traços do islamismo, e até se entende o porquê. O Museu Histórico conserva dos muçulmanos apenas "estandartes museificados" perdidos em batalhas com os cristãos. Perguntados sobre isso, responderam que é assim mesmo, que sua cultura é mesmo cristã e o que de muçulmano existe, para além dos vestígios arquitetônicos, está restrito às montanhas, vive em atraso e fanatismo religioso. Mas ao nos levarem a uma das suas belas igrejas, começaram a rezar e a acender velas diante de um ícone de São Jorge. Acreditamos que até poderíamos estar assistindo a um rito de umbanda no Brasil.

e variedade. Também o artesanato de bonecos que vão caindo, por exemplo, quando passa a caravana: um artesanato mágico, que orna de trapos e despojos – belos tecidos – tanto a vida como a morte.

Também é surpreendente a variedade de narguilês, arrumados para serem vistos, como se estivessem colocados num museu. Passaria a saber, pelo semioticista russo V. V. Ivánov, que o cineasta era antiquário e tinha a paixão dos objetos e seu arranjo.

"Pureza e perigo"[22] estão propostos em alternância no itinerário da peregrinação. Presentes no filme alguns elementos-signos da purificação, por exemplo, a cachoeira, ou o banho na cachoeira. Assim, quando do retorno miraculoso do herói à casa materna, seria necessário exorcizar os espíritos e exibi-los. Alguns signos e elementos maléficos estão bem explícitos: o fogo e as pimenteiras rubras – a dança dos demônios.

A LIBERDADE DO CANTADOR (ACHIK/TROVADOR)

"O rei me disse fica / eu disse não"

A armadura que veste o trovador Kerib é, de fato, a camisa de ferro que impede o canto. Assim também o cantador nordestino, que manifestava nas pelejas e em suas andanças a necessidade de apoio do senhor de terras, se arrogou sempre o direito de não estar sujeito a ele, de não ser seu escravo. "Se eu tiver de viver obrigado/antes desse dia eu morro/Deus fez a terra, os bicho tudo forro/estava escrito no livro sagrado", diz-nos Elomar em uma de suas notáveis composições[23].

Descrevendo a figura do cantador, na primeira metade do século xx, comenta Câmara Cascudo: "Curiosa é a figura do cantador. Tem

22. Mary Douglas, *Pureza e Perigo*, São Paulo, Perspectiva, 1976.
23. Elomar, mestre músico, arquiteto, trovador baiano que desenvolve suas composições a partir da tradição popular e da vivência do que chama universo catingueiro.

ele todo orgulho de seu estado. Sabe que é uma marca de superioridade ambiental, um sinal de elevação de supremacia, de predomínio"[24].

É exatamente assim que se dá nas realizações deste conto: "Não sou escravo do paxá", diz o trovador Kerib, quando obrigado a cantar. Num documento transcrito por um estudioso do mundo islâmico, uma carta a um sultão, percebe-se que os seus servidores se colocam junto à beira de seus nobres pés, e a carta é assinada por alguém que se diz: o pobre, o humilde Hassam, poeira[25].

Daí que bem forte se faz a recusa do trovador, com sua arte inspirada por Deus, se recusando a ser poeira, sob os pés de um paxá. Mais uma vez se constrói a metáfora que põe em posição aguerrida o criador e os estados totalitários.

Transposições do conto ao filme: as grandes metáforas

A PANTOMIMA E O ESTRANHAMENTO[26]

Verificamos, por exemplo, uma diluição do trágico por efeitos de pantomima, ou a criação de um tragicômico: o trovador é condenado e deverá servir de pasto ao tigre, num teatro *en rond*, representando a farsa num lugar consagrado ao martírio. Então a morte será o estar

---

24. Luís da Câmara Cascudo, *Vaqueiros e Cantadores*, Belo Horizonte, Itatiaia, 1984, pp. 126-
-127.
25. Jean-Louis Bacqui-Grammont, "Deux rapports sur Sah Ismail et les Ozbeks", *Quand le Crible était dans la paille*, Paris, Maisonneuve et Larose, 1978, pp. 65-68.
26. A noção de estranhamento foi desenvolvida por Vitor Chklóvski, "L'Art comme Procedé", em *Théorie de la Littérature*, org. Tzvetan Todorov, Paris, Seuil, 1965, pp. 76-97 (o original russo é de 1917).

vivo na pantomima. Nesta o artista, quando da restrição do seu canto, experimenta o opróbrio mais vexaminoso que a morte – o escárnio.

A trazida do conto imemorial para a situação presente da Geórgia, do mundo soviético, do próprio artista, ocorre por efeitos de estranhamento. O tigre falso, as metralhadoras no colo das moças, quando da escuta dos cantos até o final e explicitamente – a câmera filmando –, são aparições inusitadas e desinstaladoras, metalinguagem inesperada, para dar conta das relações entre si mesmo e o mundo oficial, para homenagear A. Tarkóvski, a quem dedica o filme, esperança de renovação e de reconhecimento.

Notas de uma experiência

Organizamos juntamente com Dora Mourão, em 1994, uma exibição do filme *Trovador Kerib* no CINE-USP com discussões e comentários pelos participantes. Só ali perceberíamos todos o quanto é pacifista e antibélica a construção que aproxima pombas-alvas em voo e metralhadoras, tentando ainda aproximar etnias e compatibilizar opostos.

Em dezembro de 1994, algo inusitado deu um novo sentido a uma estadia em modesto hotel de Paris, a presença de um grupo de bardos do Azerbaidjão que se apresentavam no Instituto do Mundo Árabe. Foi a ocasião de encontrar a arte dos Achiks (bardos ou trovadores) como eles se denominavam e de perceber parte do universo ao qual o filme se refere. De ver e ouvir o famoso Saaz que no filme tem papel tão fundamental: perdendo-se no rio, impedindo ou propiciando a mestria, o Saaz que ficara pendurado desde a partida do infeliz Achik do filme de Paradjánov, instrumento representante do ofício e da exímia atuação de cantadores. Ele estava ali, a nossos olhos, e por mãos de seus novos Achiks, emitindo sons que captavam e transmitiam, no presente, os ecos de um passado lendário. Pudemos seguir a memória do improviso que se articula na formalização de gêneros e estrutu-

CHANTS ET MUSIQUES DES BARDES
D'AZERBAÏDJAN

16 et 17 décembre 1994 – 20 h 30

ACHIK ZAIDOV KHANYSH
ACHIK YANVAR BADALOV

AGASAV SEIDOV et AZER ZARBALIEV *Sorna*
ANTIG SEIDOV et SHIRZAD FATALIEV *Naghara*

INSTITUT DU MONDE ARABE
1, RUE DES FOSSÉS–ST–BERNARD 75005 PARIS

Cartaz de espetáculo dos trovadores azeris em Paris.

ras definidas que se recriam na performance, abrindo-se a colagens, a cortes, à mais diversa e centrada invenção. À maneira de nossos cantadores, os exercícios e jogos de memória se desenrolam quando dois desses músicos se confrontam em desafios rimados. Sortilégio e acaso colocando um ponto de seguimento em observações começadas. Não sabendo a língua, foi então possível captar os gestos, confrontando sonoridades de desafio e de mímicas – em contrafundo de pífanos.

Eternos.

ACHIK-KERIB
(HISTÓRIA TURCA)

M. I. Lérmontov

Tradução de Boris Schnaiderman

Muitos anos atrás, na cidade de Tíflis[1] vivia um turco rico; Alá deu muito ouro, porém mais valioso que o ouro era sua filha única Magul-Meguéri. São belos os astros do céu mas atrás dos astros vivem anjos que são ainda mais belos e assim Magul-Meguéri era a mais bela das jovens de Tíflis. Vivia também em Tíflis o pobre Achik-Kerib; o profeta não lhe dera nada além de um grande coração e o dom das canções. Tocando Saaz e celebrando os antigos cavaleiros do Turquestão ele ia de um casamento a outro, para alegrar os ricos e felizes, num desses casamentos ele viu Magul-Meguéri e eles se apaixonaram. O pobre Achik tinha pouca esperança de obter a sua mão, e se tornou tão triste como um céu de inverno.

Um dia ele estava deitado num vinhedo e finalmente adormeceu; nessa hora passaram por ele Magul-Maguéri e suas amigas; uma delas, ao ver Achik adormecido, ficou para trás e aproximou-se dele. "Por que ficas dormindo embaixo de uma videira" – cantou ela – "levanta-se insano, a tua gazela está passando"; ele acordou e a moça fugiu como um passarinho; Magul-Maguéri tinha ouvido a sua canção e começou a censurá-la: "Se tu soubesses" – respondeu a outra – "a quem cantei esta canção me agradecerias: é o teu Achik-Kerib"; "Leva-me até ele" – disse Magul-Maguéri; e elas fo-

---

[1]. Hoje Tbilíssi, capital da Geórgia.

ram. Vendo seu rosto tristonho, Magul-Meguéri começou a interrogá-lo e a consolar: "Como não vou me entristecer" – respondeu Achik-Karib –, "eu te amo e tu nunca serás minha". "Pede a minha mão a meu pai e meu pai vai celebrar nosso casamento com o dinheiro dele e me dará tanto que será o suficiente para nós dois." "Está bem" – respondeu ele –, "admitamos que Aian-Agá não poupe nada para sua filha; mas quem sabe se depois tu não vais me censurar porque eu não tinha nada e fique te devendo tudo. Não, minha doce Magul-Meguéri; eu coloquei em penhor sobre a minha alma; comprometo-me a peregrinar sete anos pelo mundo, conseguir riquezas ou morrer nos desertos distantes; se concordas com isso, decorrido este prazo será minha." Ela concordou, mas acrescentou que se no dia marcado ele não voltasse, ela se tornaria esposa de Kurchud-Bek, que há muito pedia sua mão.

Achik-Karib foi ter com sua mãe; tomou a bênção, beijou a irmãzinha, pendurou no ombro a bolsa, apoiou-se num cajado e peregrinou, saiu da cidade de Tíflis. E eis que um cavaleiro o alcança e ele vê que é Kurchud-Bek. "Boa viagem" – grita-lhe Bek – "aonde quer que vás, peregrino, sou teu amigo"; Achik não ficou contente de ver o amigo, mas não havia nada a fazer, caminharam juntos por muito tempo até que encontraram um rio. Nem ponte nem vau; "Nada na frente" – disse Kurchud –, "eu vou te seguir". Achik tirou a roupa e nadou; chegando à outra margem, olhou para trás e – Oh desgraça! Oh Alá onipotente! Kurchud-Bek tinha apanhado a sua roupa, galopando de volta a Tíflis e somente a poeira turbilhonava atrás dele, feito cobra em campo liso.

Kurchud-Bek leva a roupa de Achik a sua velha mãe: "Teu filho se afogou no rio profundo, aqui está a sua roupa"; numa angústia indescritível, a mãe caiu sobre a roupa do filho amado e passando a molhá-la com lágrimas ardentes; depois apanhou-a e levou à sua noiva prometida Magul-Meguéri. "Meu filho se afogou" – disse ela –, "Kurchud-Bek trouxe a roupa dele, estás livre." Magul-Meguéri sorriu e repondeu: "Não acredites; tudo são invenções de Kurchud-

-Bek; antes que passem sete anos ninguém será meu esposo". Ela tirou da parede o Saaz e começou a cantar tranquilamente a canção predileta de Achik-Kerib.

Neste ínterim, o peregrino chegou descalço e nu a uma aldeia; gente boa vestiu-o e alimentou-o; ele, para recompensá-los, cantou umas canções maravilhosas; assim foi passando de aldeia em aldeia, de cidade em cidade, e sua fama se espalhou por toda parte. Chegou finalmente a Khalaf um paxá, grande apreciador de cantores; muitos foram levados a sua presença mas ele não gostou de nenhum; os seus servos se esfalfaram, correndo pela cidade; de repente, passando por um café, ouviram uma voz surpreendente; eles então: "Vem conosco à presença do grande paxá" – gritaram – "ou vais responder com a tua cabeça". "Eu sou um homem livre, peregrino da cidade de Tíflis – se quiser irei, se não quiser, não. Canto quando me dá na veneta e o vosso paxá não é meu chefe."

Apesar disso, eles o agarram e o levara à presença do paxá. "Cante" – disse o paxá, e ele cantou e nessa canção ele celebrava a sua querida Magul-Meguéri; e essa canção agradou tanto ao orgulhoso paxá que ele deixou em seu palácio o pobre Achik-Kerib. Ouro e prata choveram sobre ele, brilharam nele ricos trajes; Achik-Kerib passou a viver em felicidade e alegria e tornou-se muito rico. Se ele esqueceu ou não a sua Magul-Meguéri, não sei, mas o tempo ia correndo, o último ano estava próximo do fim, e ele nem se preparava para a partida. A formosa Magul-Meguéri começou a desesperar: nesse tempo, um mercador estava saindo com uma caravana de Tíflis, com quarenta camelos e oitenta escravos: ela chama o mercador à sua casa, e lhe dá uma bandeja de ouro: "Toma esta bandeja" – diz ela – "e em qualquer cidade que chegues expõe a bandeja em tua venda e declara em toda parte que aquele que se declarar dono da bandeja há de recebê-la, e de sobra o seu peso em ouro". Partiu o mercador e em toda parte cumpria o encargo de Magul-Meguéri, mas ninguém se declarava dono da bandeja de ouro. Ele já tinha vendido quase toda a mercadoria e chegou com as restantes a Khalaf e proclamou em toda a parte a incumbência de Magul-Meguéri. Ouvindo isso Achik-Kerib chega correndo ao caravanaçara e vê a bandeja de ouro na venda do mercador de Tíflis. "É minha" – disse ele, agarrando-a com a mão. "Está certo, é tua" – disse o mercador. "Eu te reconheci, Achik-Karib: vai quanto antes a Tíflis, a tua Magul-Meguéri mandou te dizer que o prazo está terminando, e que se não chegares no dia marcado, ela se casará com outro." Desesperado. Achik-Karib agarrou a cabeça: faltavam apenas três dias para a hora fatal. No entanto, pulou sobre o cavalo, levou consigo uma bolsa com moedas de ouro e galopou sem pena do animal. Finalmente, extenuado, o cavalo caiu sem forças na montanha de Arzinhan que fica entre Arzinhan e Arzerum. Que fazer? De Arzinhan a Tíflis são dois meses de viagem e faltavam apenas dois dias. "Alá onipotente!" exclamou ele – "se tu já não me ajudas, não tenho mais o que fazer sobre a terra." E ele quis se atirar de um alto penhasco; de repente, vê em baixo um homem montado num cavalo branco e ouve uma voz sonora: "Oglan, o que queres fazer?" "Quero morrer" – respondeu Achik. "Desce para cá se é assim e eu te mato." Achik desceu como pôde do penhasco. "Segue-me" – disse ameaçador o cavaleiro; "Como posso te seguir? O teu cavalo voa que nem o vento e eu tenho comigo uma bolsa pesada"; "Pendura a bolsa na minha sela e segue-me"; Achik-Kerib ficou para trás, por mais que procurasse correr. "Por que te atrasas?" – perguntou o cavaleiro; "Como posso seguir-te, teu cavalo é mais veloz que o pensamento e eu já estou extenuado". "É mesmo, senta-te atrás do meu cavalo e dize toda a verdade, para onde precisar ir". "Pelo menos chegar hoje a Arzerum" –, responde Achik. "Fecha os olhos"; e ele fechou. "Agora abre"; e Achik vê: diante dele, branquejam as muralhas e brilham os minaretes de Arzerum.

"Desculpe Agar, eu me enganei," – disse Achik – "eu queria dizer que precisava ir a Kars". "Ora, ora" – respondeu o cavaleiro –, "eu te avisei que me dissesses a pura verdade. Fecha os olhos e agora abre"; Achik não acredita mas está vendo Kars; ele caiu de joelhos e disse:

"Perdão Agar, três vezes sou culpado, teu criado Achik-Karib, mas tu sabes que se um homem decidiu mentir de manhã ele tem de ficar mentindo o dia todo. Na verdade, eu preciso ir a Tíflis". "Como és infiel" – disse zangado o cavaleiro – "mas não há o que fazer, eu te perdoo: fecha os olhos e agora abre" – acrescentou ele, passado um momento. Achik soltou um grito de alegria: eles estavam às portas de Tíflis. Expressando sua gratidão sincera e apanhado da sela a sua bolsa, Achik disse ao cavaleiro: "Agora, está claro que foi grande a tua dádiva mas faze ainda mais. Se eu agora contar que, num dia, pude me transportar de Arzinhan a Tíflis, ninguém me acreditará. Dá-me alguma prova". "Inclina-te" – disse o outro com um sorriso – "e apanha sob o casco do cavalo um punhado de terra, coloca-o embaixo da camisa e, então, se não acreditarem na verdade das tuas palavras, manda que levem à tua presença uma cega, que está há sete anos nesta condição, passa-lhe terra nos olhos e ela verá", Achik apanhou um punhado de terra embaixo do casco do cavalo branco, mas apenas levantou a cabeça, o cavalo e o cavaleiro desapareceram; e então ele se convenceu, no íntimo, de que seu protetor não era outro senão Khadrilhez (São Jorge).

Só tarde da noite Achik-Kerib encontra a sua casa; ele bate à porta com a mão trêmula, dizendo: "Ana, Ana (mãe), abre, sou o hóspede de Deus; tenho frio e tenho fome; peço-te em nome de teu filho peregrino, deixa-me entrar". A voz fraca da velha respondeu-lhe: "Para abrigo dos peregrinos existem as casas dos ricos e dos fortes: ocorrem agora na cidade casamentos. Vai, ali podes passar a noite a bel-prazer". "Ana" – respondeu ele –, "eu aqui não conheço ninguém e por isso repito meu pedido: em nome de teu filho peregrino, deixa-me entrar." Então a irmã dele diz à mãe: "Mãe, vou me levantar e abrir-lhe a porta". "Moça sem valia" – respondeu a velha –, "ficas contente de receber homens jovens e alimentá-los, porque já faz sete anos que eu de tanto chorar perdi a vista." Mas a filha sem atentar às suas censuras ergueu-se, abriu a porta e deixou entrar Achik-Kerib: dizendo a saudação usual, ele sentou-se e, com perturbação secreta, pôs-se a examinar tudo. E viu que estava suspenso na parede, num estojo empoeirado, o seu Saaz de doces sons. E ele se pôs a perguntar à mãe: "O que tens aí pendurado na parede?" "Hóspede curioso" – respondeu ela. "Basta que recebas um pedaço de pão, e que amanhã te deixem ir com Deus." "Eu já disse" – replicou ele – "que és a minha própria mãe e esta é minha irmã e por isso eu peço explicarem-me: O que está suspenso aí na parede?" "É o Saaz, o saaz" – respondeu a velha zangada sem acreditar. "E o que quer dizer saaz?" "Saaz significa que nele se tocam e se cantam canções." Pede, então, Achik, que ela permita à irmã tirar o saaz da parede e mostrar-lhe. "Impossível" – respondeu a velha. "É o saaz de meu infeliz filho; já faz sete anos que ele está pendurado na parede e mão viva nenhuma tocou nele." Mas a irmã se levantou, tirou da parede o saaz e lhe entregou: então ele ergueu os olhos ao céu e proferiu a seguinte oração: "Oh Alá onipotente! Se eu tenho de atingir o fim almejado, o meu saaz de sete cordas será tão sonoro como no dia em que toquei nele pela última vez". E ele tocou nas cordas de cobre e as cordas falaram de acordo, e ele se pôs a cantar: "Sou o pobre Kerib (mendigo) e as minhas palavras são pobres; mas o grande Khadrilhez ajudou-me a descer do penhasco abrupto, embora eu seja pobre e pobres minhas palavras. Reconhece-me, mãe, o teu peregrino". A mãe se põe a chorar e pergunta-lhe: "Como te chamas?" "Rachid (valente)" – respondeu ele – "uma vez fala, outra vez escuta". "Rachid" – disse ela – "com as tuas falas me cortaste o coração em pedaços. Esta noite, vi em sonho que em minha cabeça os cabelos embranqueceram, e já faz sete anos que ceguei de tanto chorar. Dize-me tu, que tens a tua voz, quando meu filho voltará?" E duas vezes repetiu em lágrimas aquele pedido. Era em vão que ele se nomeava como seu filho, ela não acreditava e, decorrido algum tempo, ele pediu: "Permita-me, mãezinha, apanhar o saaz e sair, ouvi dizer que há um casamento aqui perto: minha irmã vai me acompanhar; vou cantar e tocar, e tudo o que eu receber vou trazer para cá e repartir convosco". "Não vou permitir" – respondeu a velha. "Desde que meu filho não está aqui, o seu saaz não saiu de casa." Mas ele passou a jurar que não danificaria nenhuma corda. "E se uma corda se romper" – prosseguiu Achik –, "eu vou responder com tudo o que possuo." A velha apalpou as suas bolsas e, percebendo que elas estavam repletas de moedas, deixou-o que fosse; acompanhando-o até a casa rica onde ressoava o festim de bodas, a irmã ficou à porta, para ouvir o que ia acontecer. Nessa casa vivia Magul-Meguéri, e nessa noite ela deveria tornar-se esposa de Kurchud-Bek, que celebrava um festim com seus familiares e amigos, e Magul-Meguéri, sentada atrás de uma rica *tchaprá* (reposteiro), com suas amigas, tinha numa das mãos uma taça com veneno e na outra um punhal afiado: ela jurara morrer antes de pousar a cabeça no leito de Kurchud-Bek. E ela ouve detrás do reposteiro que chegou um desconhecido que disse: "Seliam Aleicwn, estais aqui festejando e alegrando-vos, então permiti-me, pobre peregrino, sentar-me convosco e eu lhos cantarei uma canção". "Por que não?" – disse Kurchud-Bek. "Devem deixar entrar aqui cantadores e dançarinos, porque aqui se celebra um casamento. Canta-nos alguma coisa, Achik, e eu te deixarei ir com todo um punhado de ouro."

Então Kurchud-Bek lhe perguntou: "Como te chamas, caminhante?" Shindi Gorursez (logo sabereis). "Que nome é esse?" – exclamou o outro rindo. "É a primeira vez que eu ouço." "Quando minha mãe estava grávida de mim e sofreu para me dar à luz, muitos parentes chegavam até a sua porta para saber se Deus lhe dera um filho ou uma filha: respondia-lhe shindi gorursez e por isso quando eu nasci deram-me este nome." Depois disso, ele apanhou o saaz e começou a cantar.

"Na cidade de Khalaf eu tomava vinho de Misr**, mas Deus me deu asas e eu vim voando para cá num só dia."

O irmão de Kurchud-Bek, homem de juízo limitado, arrancou o punhal e exclamou: "Mentes; como é possível vir de Khalaf para cá num só dia?" "Mas por que tu queres me matar?" – disse Achik

– "Os cantores são geralmente reunidos dos quatro cantos num só lugar e eu não lhes cobro nada, quer me acrediteis, quer não." "Que ele continue" – disse o noivo e Achik-Kerib tornou a cantar.

"Procedi à unção matinal no vale de Arzinhan e à unção de meio-dia na cidade de Arzerum; antes do pôr do sol procedi à unção na cidade de Kars e à da noite em Tíflis. Alá me deu asas, vim para cá voando; antes eu me tornasse vítima, por vontade de Deus, do cavalo branco. Ele galopava depressa, como um dançarino sobre a corda, da montanha para os vales e dos vales para a montanha: Mauliam (o criador) deu asas a Achik e ele chegou voando para o casamento de Magul-Meguéri."

Conhecendo então sua voz, Magul-Meguéri atirou o veneno para um lado e o punhal para o outro. "Então tu cumpriste o teu juramento" – disseram as suas amigas –, "quer dizer que à noite serás esposa de Kurchud-Bek." "Vós não reconhecestes mas eu reconheci a voz que me é querida" – respondeu Magul-Meguéri e, apanhando uma tesoura, ela cortou a *tchaprá*. E quando olhou e reconheceu o seu Achik-Kerib, soltou uma exclamação; atirou-se ao seu pescoço e ambos caíram sem sentidos. O irmão de Kurchud-Bek lançou-se sobre eles com um punhal, pretendendo apunhalar a ambos, mas Kurchud-Bek o deteve acrescentando: "Acalma-te e fica sabendo: o que está escrito na fronte de um homem ao nascer, ele nunca poderá evitar".

Voltando a si, Magul-Meguéri ficou vermelha de vergonha, ocultou o rosto com a mão e escondeu-se atrás da *tchaprá*.

"Agora se vê bem que és Achik-Kerib" – disse o noivo. "Mas pensa bem, como pudeste num tempo tão curto atravessar um espaço tão vasto?" "Como prova da verdade" – respondeu Achik-Kerib –, "o meu sabre quebrará a pedra, mas se eu minto que o meu pescoço seja mais fino do que um fio de cabelo; mas o melhor de tudo é me trazerdes uma cega que há sete anos não tenha visto a luz de Deus e eu lhe devolverei a visão." A irmã de Achik-Kerib, que estava junto à porta, ao ouvir esta fala, correu para junto da mãe: "Mãezinha, ele é de fato meu irmão, é o teu filho Achik-Kerib"; e, tomando-a pela mão, conduziu-a ao festim de bodas.

Então Achik apanhou sob a camisa o punhado de terra, colocou-o na água e untou com ele os olhos de sua mãe, acrescentando: "Saibam todos quanto Khadrilhez é grande e poderoso"; e sua mãe voltou a enxergar. Depois disso, ninguém ousou duvidar da verdade de suas palavras e Kurchud-Bek cedeu-lhe, sem dizer nada, a bela Magul-Meguéri.

Então Achik-Kerib lhe disse com alegria: "Ouve, Kurchud-Bek, eu vou te consolar: minha irmã não é pior que a tua ex-noiva. Eu sou rico: ela não terá menos prata e ouro; pois bem, toma-a para ti e sede tão felizes quanto eu com a minha querida Magul-Meguéri".

CONCLUSÃO:
O TEXTO UNIVERSAL

Razões de historicidade, mitopoéticas, o grande texto

Por mais que nos pareça estranha a confirmação de presença das culturas tradicionais em seus registos populares/não populares[1], e queiramos inscrever neles momentos históricos presentes, existe uma espécie de "grande texto" que se abriga num universo diferenciado e conservador das culturas populares em vários espaços e latitudes do mundo. Um enigma.

Os pensadores russos, e entre eles e sob as mais diversas perspectivas, Iuri Lotman e Eleazar Meletínski tinham inteira consciência disso. Mas esse lastro ancestral, se por um lado, conserva suas razões de vida e expressão em ligação com as comunidades arcaicas, por outro, vai se deixando atravessar por questões diretas de meios e fatores que propiciam imersão em outros segmentos mais imediatos da cultura.

O que não se pode fazer é isolar esse contigente extraordinário que nos chega, significando também uma herança contínua de processos de recriação que se vão desenvolvendo no entorno.

Assim, nos acompanha neste trajeto a concepção de uma verdadeira matriz virtual, assente em longa memória, hipertextual que se atualiza, à proporção e intensidade de temporalidades e incursões do

1. Cf. Mario Pedrosa em *Kairos*.

histórico que os envolve. Acompanhamos a valorização de determinados repertórios solicitados e transformados por comunidades sob as mais diversas instâncias. É um fazer que a cada passo se reinventa. Tradução cultural permanente. Por isso, ao chamar de Folclore as culturas tradicionais apontamos para essa presença conservada e arcaizante. Melhor nos levaria à cultura em suas condições de mobilidade e de transformação em várias situações, em gradações imaginárias enquanto estrutura ou considerando-se fluxo discursivo, a partir dos imperativos da memória.

Convidada[2] para discutir com um colega, que negava a própria noção de estrutura, para recusar os "ismos" pude dizer que a noção de estrutura não é uma invenção recente, antes é uma moda cooptada pela indústria da cultura em determinados momentos de crise conceitual. Mas a estrutura faz parte da própria natureza (natureza e cultura indissociáveis), a exemplo das simetrias e das regularidades repetitivas de séries naturais, como de conchas, folhas, cadeias de montanhas.

Em conferência pronunciada no ano de 1968, na Universidade Federal da Bahia, à qual assisti na condição de estudante de Letras, dizia Roman Jakobson: "Se vocês me perguntarem agora sobre os Estruturalismos eu diria que detesto os ismos". Entendi a mensagem que não era a negação da estrutura em si, não era a abolição da sincronia frente à diacronia mas a rejeição de um modismo intensificado. A estrutura alterna com as formas, com as temporalidades num diálogo ativo e indispensável. O mesmo equívoco quando se trata de forma e de formalismos. Forma e formal não significam o aspecto externo e prototipado mas implicam no referente, no intérprete, no modelo, na transcriação, na performance que se reiventa a cada passo.

Ao percorrer e reunir estudos que me acompanham nas últimas décadas, pude perceber como ao tratar do tempo presente, da his-

2. Por Anthony Wall em Calgary.

tória, dos entornos midiáticos, faz-se a comunicação de conceitos e abordagens que poderiam situar-se na perspectiva das culturas tradicionais, na menção às virtualidades assentes e transformação de antigos em novos textos presentes.

Estrutura e fluxo, sincronias e diacronias, razões históricas, assentamentos míticos vão se confrontando e conformando.

Ao tratar desses textos, em seus longos trajetos e mediações, estarei evidenciando processos de criação e de memória da cultura, colocando ênfase na concepção de um "grande texto oral" que, sob uma certa ótica, solicita um agrupamento em gêneros; e logo em seguida os dispensa no curso do tempo textual.

Os trabalhos agora apresentados compreendem leituras, escutas e viagens ao mundo da fantasia, trazendo-nos porém a apreensão do mundo vivido. Há ainda pesquisas sobre as razões e permanências do conto popular universal e que aqui aproximam Oriente/Ocidente. Tudo isto conta com a deslocação contínua pelo mundo, do Brasil à Rússia, à França, ao sertão brasileiro, à Espanha compreendendo referências concretas e alusões imaginárias.

Há boas razões que justificam essa perseverança: o acompanhamento de trabalhos dos semioticistas russos, os de Paul Zumthor e a aproximação a textos narrativos e populares, que compreendem e emitem a reverberação da voz, das letras apreendidas, a partir das mais antigas culturas.

Este livro busca mostrar a aproximação concreta de determinadas afinidades, reunindo textos impressos e orais, ao acompanhar diferentes segmentos de cultura, em suas dimensões textuais sob diversas latitudes e espaços.

Num confronto permanente estão em causa o trânsito, a circulação, o comércio (no sentido etimológico) os ambientes, presenciados ou imaginados e a maneira pela qual são criados e refeitos, contos, lendas, narrativas míticas, enredos que compõem o imaginário de povos distantes e próximos, e o acervo de várias literaturas impressas, popularizadas e popularizantes, que são responsáveis pela elaboração de poéticas mistas, orais e gráficas, inclusive a de cordel no Brasil.

Atentos de modo comparativo a ritos, conjunções e processos, seguimos a circulação cultural que se dá em adaptações sob diversas censuras e injunções de toda ordem. Espantoso é o poder de permanência e criação de tais textos de cultura.

Estes escritos contam também a história de um longo convívio. Eles foram se gestando e aprimorando, na observação de séries em confronto, e então pesquisador, textos e achados são levados a continuar, em interação permanente e inconclusa.

Respostas e enigmas. Fatos observados e imaginados. Afinal, não é esse o grande desafio que acompanha nosso inexplicado percurso pelo tempo/espaço do viver?

TÍTULO	*Matrizes Impressas do Oral: Conto Russo no Sertão*
AUTORA	Jerusa Pires Ferreira
EDITOR	Plinio Martins Filho
PRODUÇÃO EDITORIAL	Aline Sato
CAPA E PROJETO GRÁFICO	Negrito Produção Editorial
PREPARAÇÃO DE TEXTO	Márcio Honório de Godoy
	Plinio Martins Filho
ILUSTRAÇÕES	Tainá Nunes Costa
FORMATO	15,5 × 22,5 cm
TIPOLOGIA	Adobe Jenson Pro, Orator e Matrix Inline
NÚMERO DE PÁGINAS	224
PAPEL	Cartão Supremo 250 g/m² (capa)
	Alta Alvura 90 g/m² (miolo)
CTP, IMPRESSÃO E ACABAMENTO	Gráfica Vida e Consciência